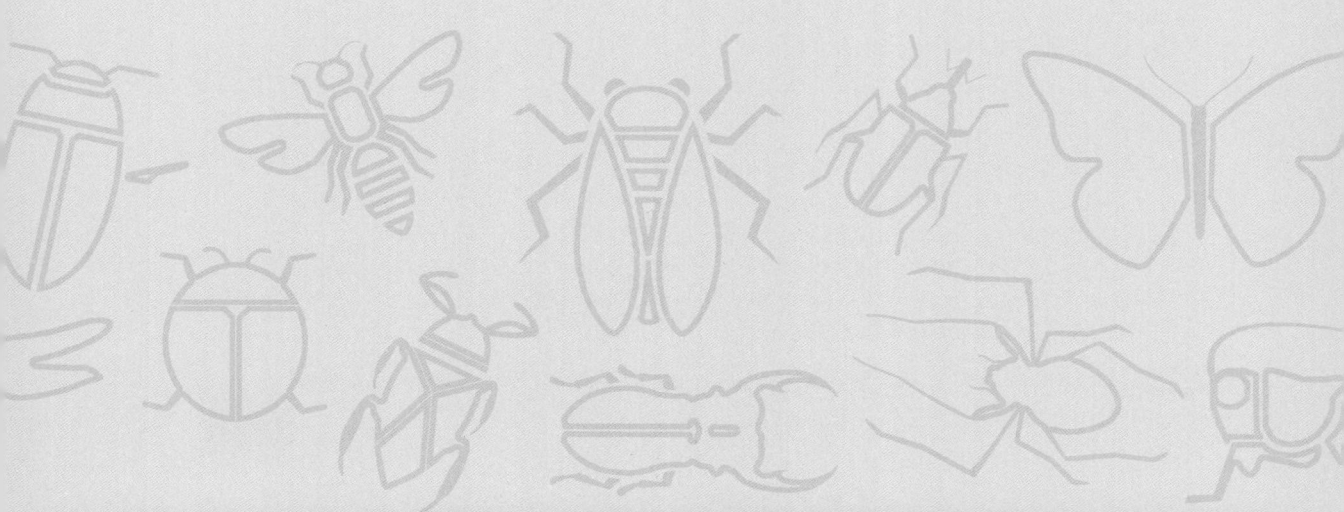

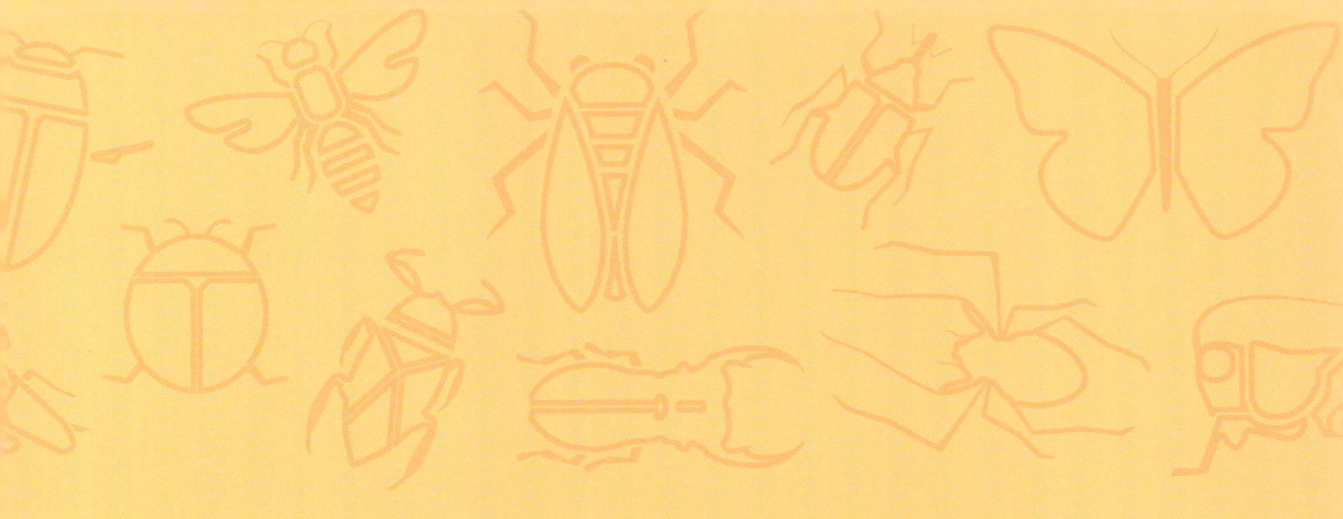

초판 1쇄 • 2011년 4월 12일   초판 17쇄 • 2022년 8월 5일   개정판 1쇄 • 2024년 6월 1일   개정판 2쇄 • 2025년 5월 1일
지은이 • 한영식   그린이 • 김명곤   발행인 • 허진   발행처 • 진선출판사(주)
편집 • 김경미, 최윤선, 최지혜   디자인 • 고은정   총무 / 마케팅 • 유재수, 나미영, 허인화
주소 • 서울시 종로구 삼일대로 457 (경운동 88번지) 수운회관 15층
　　　전화 (02)720-5990   팩스 (02)739-2129   홈페이지 www.jinsun.co.kr
등록 • 1975년 9월 3일 10-92   ※책값은 뒤표지에 있습니다.
ISBN 979-11-93003-52-7 74080   ISBN 978-89-7221-654-4 (세트)
ⓒ 한영식, 2011   편집 ⓒ 진선출판사, 2011, 2024

지은이 **한영식** 선생님은

지구에서 가장 다양한 곤충의 세상에 매료되어 곤충을 탐사하고 연구하는 곤충연구가로 현재 곤충생태교육연구소〈한숲〉대표로
활동하고 있습니다. 숲해설가 및 생태 안내자 양성 과정, 자연학교 등에서 이론 교육과 현장 교육을 진행하고 있습니다.
지은 책으로는 《봄여름가을겨울 바닷가생물도감》, 《봄여름가을겨울 숲속생물도감》, 《봄여름가을겨울 숲 유치원》,
《신기한 곤충 이야기》, 《엉뚱한 공선생과 자연탐사반》, 《어린이 동식물 이름 비교 도감》, 《어린이 곤충 비교 도감》, 《쉬운 곤충책》,
《곤충 쉽게 찾기》, 《곤충 학습 도감》, 《곤충 검색 도감》, 《생태 환경 이야기》, 《윌슨이 들려주는 생물 다양성 이야기》 등이 있습니다.
곤충생태교육연구소〈한숲〉: cafe.daum.net/edu-insect

진선아이는 진선출판사의 어린이책 브랜드입니다. 마음과 생각을 키워 주는 책으로 어린이들의 건강한 성장을 돕겠습니다.

봄·여름·가을·겨울 곤충도감

한영식 지음

차례

봄

땅 위의 발 빠른 곤충 · 6
봄을 알리는 봄맞이 곤충 · 8
풀잎 먹보 잎벌레 · 10
풀밭과 나무의 긴 뿔 딱정벌레 · 12
코끼리 바구미와 기린 거위벌레 · 14
잎에서 만나는 작은 포식자 · 16
알록달록 다양한 딱정벌레 · 18
산길의 나비와 풀잎의 나방 · 20
잎에 소풍 나온 벌과 파리 · 22
잎에서 만나는 방귀 벌레 노린재 · 24
봄꽃에서 만나는 꽃가루 먹보 · 26
꽃보다 예쁜 봄 나비 · 28
물에서 만나는 곤충 · 30
봄에 태어난 귀여운 애벌레 · 32
봄에 피어난 사랑 · 34

여름

산길에서 보이는 곤충 · 38
시체와 배설물에 모이는 곤충 · 40
초록 풀잎을 먹고 사는 잎벌레 · 42
잎사귀가 좋은 딱정벌레 · 44
생김새가 다양한 딱정벌레 · 46
뿡뿡 방귀 대장 노린재 · 48
독특한 허리노린재와 장님노린재 · 50
풀밭을 수놓는 다양한 노린재 · 52
나풀나풀 예쁜 나비 · 54
낮에 만나는 화려한 나방 · 56
꿀을 모으는 벌과 사냥꾼 벌 · 58
윙윙 날쌔고 다양한 파리 · 60
꽃과 나무 위의 덩치 큰 딱정벌레 · 62
소리꾼 매미와 풀즙 먹는 매미류 · 64
불빛에 모여드는 작은 나방 · 66
불빛을 향해 돌진하는 큰 나방 · 68
밤에 활동하는 곤충 · 70
색다른 곤충과 물에 사는 곤충 · 72
무더위 속의 풀벌레 연주회 · 74

부록

애벌레가 어른이 되면(완전탈바꿈) • 100
어른벌레와 닮은 애벌레(불완전탈바꿈) • 102
곤충의 한살이 • 104
곤충의 다양한 집과 삶터 • 106
수컷 곤충과 암컷 곤충 비교하기 • 108
모습이 닮은 곤충 구별하기 • 110
위기에 빠진 곤충 • 112
가면무도회에서 만나는 곤충 • 114
천적으로부터 살아남는 곤충의 지혜 • 116
곤충을 노리는 최대 천적 거미 • 118
벌레라고 부르는 작은 동물 • 120
곤충 채집법과 관찰 일지 • 122

찾아보기 • 124
초등 교과 과정 연계 정보 • 128

가을·겨울

가을 곤충과 풀숲의 사마귀 • 78
가을 들판의 메뚜기 • 80
뚱보 여치와 홀쭉이 베짱이 • 82
가을 들판을 누비는 노린재 • 84
가을에 만나는 다양한 딱정벌레 • 86
쌩쌩 벌과 윙윙 파리 • 88
가을 들판의 꽃에 모이는 나비 • 90
창공을 누비는 비행사 잠자리 • 92
곤충의 겨울나기 • 94
겨울잠 자는 곤충 찾기 • 96

봄이 오면

파릇파릇 새싹이 돋고
예쁜 꽃들이 꽃봉오리를 터뜨리면
곤충들도 슬슬 잠에서 깨어나요.
따스한 햇볕에 체온이 올라가면
먹이와 사랑을 찾아 날아다니지요.
설레는 맘으로 봄 소풍 나온
다양한 곤충을 만나 볼까요!

나무에 봄꽃이 피어나면 양봉꿀벌들이 모여들어요.

들판에 활짝 핀 예쁜 꽃 위에 노랑나비가 앉아 있어요.

봄

곤충을 만나러 떠나 보자!

관련 교과 1-1 봄 〈2. 도란도란 봄 동산〉 / 2-1 여름 〈2. 초록이의 여름 여행〉 / 3-2 과학 〈2. 동물의 생활〉

땅 위의 발 빠른 곤충

봄볕에 얼었던 땅이 사르르 녹아내리면 해바라기하려는 곤충들이
나타납니다. 산길은 이른 아침부터 모여든 곤충들로 바글거려요.
따스한 햇볕을 쬐거나 먹이를 찾아 다니며 하루를 활짝 엽니다.
고개를 숙이고 땅 위를 기어가는 곤충들을 찾아보세요.
누가 제일 걸음이 빠른지도 비교해 보세요.

검정명주딱정벌레
크기 22~31mm
빠른 발과 비행 솜씨로
곤충의 애벌레를 잘 잡아먹어요.

서양에서는 매우 사납다고 해서 '호랑이딱정벌레'라고 불러요.

길앞잡이
크기 18~21mm
반짝거리는 아름다운 빛깔을
가진 육식성 곤충이에요.

아이누길앞잡이
크기 16~21mm
몸 빛깔이 땅과 많이
비슷해서 잘 안 보여요.

네눈박이송장벌레
크기 10~15mm
연갈색 바탕에 검은색의
둥근 무늬가 4개 있어요.

미륵무늬먼지벌레
크기 11.2~13.5mm
햇볕을 받으면 몸이
풀잎 빛깔처럼
반짝거려요.

먼지가 풀풀 날 정도로 빠르게 기어 다녀서 '먼지벌레'라고 해요.

우수리둥글먼지벌레
크기 7.5~8mm
산길이나 잔디밭에서
재빨리 기어가요.

등빨간먼지벌레
크기 15.5~20mm
딱지날개 가운데에
붉은색 무늬가 있어요.

곰개미
크기 5~9mm
몸매는 곰처럼 통통하지만 허리는 잘록해요.

가시개미
크기 7~8mm
가시가 가슴에 삐죽삐죽 나 있어요.

일본왕개미
크기 7~14mm
머리는 삼각형이고 가슴등판은 거꾸로 된 긴 삼각형이에요.

좀집게벌레
크기 16mm 내외
가슴에 귀 모양의 연노란색 무늬가 있어요.

> 집게벌레가 잠잘 때 귀 속에 들어간다는 서양 미신이 있어요.

땅강아지
크기 23~34mm
다리가 강아지처럼 짧고 두더지처럼 땅을 잘 파고 들어가요.

별노린재
크기 9mm 내외
이른 봄에 땅 위를 천천히 기어다녀요.

끝마디통통집게벌레
크기 15~20mm
통통한 배 끝을 들고 열심히 기어가요.

살펴보아요!

누가누가 제일 빠를까요? 땅에서 가장 빠른 육상 선수는 누구일까요?

땅에서 생활하는 곤충들은 모두 걸음이 빨라요. 발발대며 기어가는 모습이 귀엽고 앙증맞아요. 가장 빠른 길앞잡이는 1초에 2.5m까지 갈 수 있어요. 발이 너무 빨라서 한참 기어가다 보면 앞이 안 보여서 멈칫멈칫 쉬어야 한대요. 발이 빠른 순서대로 등수를 매겨 보았어요.

1등 길앞잡이   2등 등빨간먼지벌레   3등 곰개미   4등 좀집게벌레   5등 작은모래거저리

관련 교과 1-1 봄 〈2. 도란도란 봄 동산〉 / 3-2 과학 〈2. 동물의 생활〉

봄을 알리는 봄맞이 곤충

봄볕이 따스하게 내리쬐면 낙엽이나 나무 틈에서 잠자던 곤충들이 하품을 하고 일어납니다. 부스스 잠에서 깬 곤충들은 정신을 차리고 하늘로 포르르 날아오르거나 분주한 듯 기어가지요. 바쁜 곤충들의 부지런한 몸짓으로 봄은 벌써 시작되었습니다. 봄꽃이 피어나는 들판에서 곤충들이 제일 먼저 봄을 만끽하지요. 나뭇잎에 나들이를 나오고 풀꽃을 찾아 날아다니는 활기찬 봄맞이 곤충을 만나 보세요.

배자바구미
크기 6~10mm
풀잎이나 줄기에 나와 앉아 있어요.

애홍점박이무당벌레
크기 3.3~4.9mm
빨간색 둥근 무늬가 1쌍 있는 작은 무당벌레예요.

달무리무당벌레
크기 6.7~8.5mm
달무리처럼 보이는 흰색 점을 9쌍 갖고 있어요.

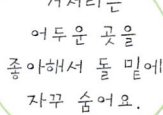

붉은색 비늘이 벗겨지면 연한 갈색이 돼요.

거저리는 어두운 곳을 좋아해서 돌 밑에 자꾸 숨어요.

강변거저리
크기 10~11mm
모래가 많은 강변이나 개울가에 살아요.

대유동방아벌레
크기 9~12mm
붉은색 옷을 입고 풀잎이나 나뭇잎 끝에 앉아서 쉬어요.

작은모래거저리
크기 9mm 내외
땅 위에서 생활하므로 흙 범벅이 된 모습을 자주 볼 수 있어요.

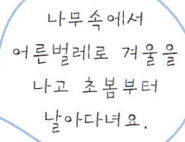

나무속에서 어른벌레로 겨울을 나고 초봄부터 날아다녀요.

진홍색방아벌레
크기 10~12mm
새빨간 딱지날개를 가진 작은 방아벌레예요.

홍날개
크기 7~10mm
초봄의 햇볕이 비추면 포르르 잘 날아다녀요.

뿔나비
크기 32~47mm
산길이나 돌에
잘 앉아서 쉬어요.

네발나비
크기 41~55mm
어른벌레로 겨울나기를 하고
초봄부터 날아다녀요.
날개 아랫면에 흰색 C자 무늬가 있고
다리는 2개가 퇴화되어 4개만 사용해요.

떼허리노린재
크기 8~12mm
풀잎에 무리 지어 모여
풀즙을 빨아 먹어요.

썩덩나무노린재
크기 13~18mm
나무껍질 틈에서
겨울잠을 자고
초봄에 나와요.

좀털보재니등에
크기 10mm 내외
초봄에 날아와서
꽃꿀을 잘 빨아 먹어요.

수중다리꽃등에
크기 12~14mm
맑은 시냇가의 돌 위에서
해바라기를 해요.

꼬마꽃등에
크기 8~9mm
봄꽃 사이를 바쁘게
날아다녀요.

물결넓적꽃등에
크기 10~12mm
노란색 무늬 때문에 땅이나
풀잎에서도 눈에 잘 띄어요.

관련 교과   1–1 봄 〈2. 도란도란 봄 동산〉 / 3–2 과학 〈2. 동물의 생활〉 / 5–2 과학 〈2. 생물과 환경〉

풀잎 먹보 잎벌레

파릇파릇 새싹이 돋아나자 무성한 풀밭이 만들어졌어요.
풀잎 사이로 고개를 빠끔히 내민 곤충들이 마냥 귀엽습니다.
잎벌레들은 나뭇잎에 구멍을 송송 뚫어 놓았어요.
무당벌레처럼 보이지만 더듬이가 길어서 '잎벌레'라고 불립니다.
구멍이 뚫린 잎사귀를 만나면 주변에서 잎벌레를 찾아보세요.
초록 빛깔의 잎에서 알록달록한 다양한 풀잎 곤충을 만나 보세요.

상아잎벌레
크기 7.5~9.5mm
가장 흔히 볼 수 있는
잎벌레예요.

중국청람색잎벌레
크기 11~13mm
청람색 광택이
마치 보석 같아요.

좀남색잎벌레
크기 5.2~5.8mm
소리쟁이 잎을
무척 좋아해요.

무당벌레처럼
딱지날개의 무늬가
다양해요.

오리나무잎벌레
크기 5.7~7.5mm
오리나무류의 잎을
잘 갉아 먹는 산림
해충으로 유명해요.

십이점박이잎벌레
크기 8~10mm
딱지날개에 12개의
점무늬가 있어요.

내 빨간
망토처럼
멋져~

사시나무잎벌레
크기 10~12mm
빨간색 딱지날개가 아름다운
덩치 큰 잎벌레예요.

버들잎벌레
크기 6.8~8.5mm
모습이 무당벌레와 매우
닮아서 헷갈려요.

긴가슴잎벌레들은 다른 잎벌레보다 가슴 부분이 길어요.

등빨간긴가슴잎벌레
크기 8.5~9.5mm
딱지날개 양옆에 붉은색이나 노란색 무늬가 있고 그 속에 검은색 점이 있어요.

적갈색긴가슴잎벌레
크기 5~6mm
적갈색의 딱지날개만 빼면 배노랑긴가슴잎벌레와 닮았어요.

배노랑긴가슴잎벌레
크기 5~6.5mm
풀밭에 잘 날아다니는 작은 잎벌레예요.

콜체잎벌레
크기 4~5.2mm
몸집은 작지만 원통형의 몸과 노란색 점이 한눈에 들어와요.

노랑가슴녹색잎벌레
크기 5.8~7.8mm
녹청색 광택이 은은하고 예뻐요.

점날개잎벌레
크기 3.2~4mm
두꺼운 뒷다리로 벼룩처럼 톡톡 튀어 이동해요.

황갈색잎벌레
크기 5~6mm
잎 꼭대기에 올라가면 날개를 펴고 날아가요.

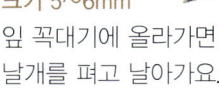

살펴보아요!

천연기념물 남생이를 닮은 곤충은 누구일까요?

알록달록 예쁜 잎벌레 중에는 천연기념물 남생이를 닮은 잎벌레도 있습니다. 무당벌레처럼 동그랗고 다리도 짧지만 더듬이가 길어요. 딱지날개도 투명해서 몸속까지 다 보이는 특이한 잎벌레랍니다.

큰남생이잎벌레   루이스큰남생이잎벌레   청남생이잎벌레

관련 교과 1-1 봄 〈2. 도란도란 봄 동산〉 / 3-2 과학 〈2. 동물의 생활〉

풀밭과 나무의 긴 뿔 딱정벌레

기다란 풀줄기와 나뭇잎이 하늘소들의 행복한 놀이터가 되었네요.
하늘소는 긴 뿔 같은 더듬이를 활짝 펴고 봄나들이를 합니다.
조금이라도 위험한 걸 알아채면 재빨리 기어가거나 날개를 펴고
포르르 날아가지요. 풀밭이나 나무에서 생활하는 긴 더듬이를 가진
하늘소를 찾아보세요. 땅과 풀잎, 꽃, 나무 등 다양한 곳에서
생활하는 하늘소를 관찰해 보세요.

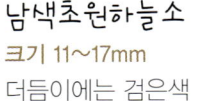

개망초, 엉겅퀴 같은 국화과 식물에서 찾을 수 있어요.

남색초원하늘소
크기 11~17mm
더듬이에는 검은색
털 뭉치가 복슬복슬해요.

국화하늘소
크기 6~9mm
가슴에 붉은색 무늬가 있는
작은 하늘소예요.
쑥에서 자주 볼 수 있어요.

죽은 참나무나 나뭇잎에서 개미처럼 재빨리 기어가요.

작은호랑하늘소
크기 7~11mm
C자 모양의 회색 무늬가
호랑이의 줄무늬 같아요.

벌호랑하늘소
크기 8~19mm
등판에 팔(八)자 모양의 노란색
무늬가 있어요. 꽃가루를 먹고 살아요.

육점박이범하늘소
크기 7~13mm
나뭇잎과 꽃 사이를
발 빠르게 기어 다녀요.

긴다리범하늘소
크기 6~11mm
호랑이(범)의 줄무늬와
길쭉한 다리를 가졌어요.

뭐라고!

작은넓적하늘소
크기 8~15mm
몸 빛깔은
검은색이거나
흑갈색이에요.
등판은 넓적해요.

통사과하늘소
크기 15~19mm
주황색 가슴 옆에 검은색 점이
2개 있어요. 몸은 원통 모양이에요.

소나무하늘소
크기 12~20mm
소나무와 같은
침엽수에
잘 모여요.

깨다시하늘소
크기 10~17mm
몸에 깨를 뿌려 놓은 모습이에요.

새똥하늘소
크기 6~8mm
초봄에 순이 잘린
두릅나무에서
볼 수 있어요.

무늬소주홍하늘소
크기 14~19mm
붉은색 날개의 가운데에
둥근 검은색 무늬가 있어요.

애벌레
시기에는 상수리나무를
갉아 먹고 살아요.

털두꺼비하늘소
크기 19~25mm
두꺼비처럼 등판이 올록볼록하고
털 뭉치가 달렸어요.

달주홍하늘소
크기 17~23mm
주홍색 가슴과 딱지날개에
검은색 점무늬가 있어요.

관련 교과 3-2 과학 〈2. 동물의 생활〉

코끼리 바구미와 기린 거위벌레

바람에 나부끼는 나뭇잎 위에서 곤충들이 곡예를 합니다.
쌩쌩 부는 봄바람에 날아가지 않게 나뭇잎을 꼭 붙잡았어요.
뾰족한 발톱 덕분에 다행히 위기를 넘겼네요.
나뭇잎 뒤로 휙 돌아서서 숨는 바구미와
나뭇잎으로 요람을 만드는 거위벌레를 만나 보세요.
돌돌 말린 거위벌레의 멋진 요람도 잊지 말고 찾아보세요.

한복 위에 입는 짧은 조끼(배자)를 입은 듯해요.

배자바구미
크기 6~10mm
나뭇가지를 움켜 잡은 모습이 판다 같아요.

길쭉바구미
크기 10~12mm
위기를 느끼면 풀잎의 뒷면으로 휙 돌아가요.

점박이길쭉바구미
크기 6.5~12.5mm
주둥이가 코끼리처럼 길쭉해요.

바구미는 주둥이가 길어서 '주둥이딱정벌레'라 불러요.

혹바구미
크기 13~17mm
울퉁불퉁한 딱지날개 끝 부분에 큰 혹이 달렸어요.

털보바구미
크기 8~12mm
털보처럼 뒷다리와 배 끝에 복슬복슬한 털이 많아요.

엉겅퀴창주둥이바구미
크기 2.8~3.1mm
크기가 매우 작은 코끼리 같아요.

왕바구미
크기 12~23mm
몸이 장갑차처럼 단단해요.
우리나라에서 가장 큰 바구미예요.

왕거위벌레
크기 8~12mm
길쭉한 목과 두루뭉술한 엉덩이가 거위를 빼닮았어요.

거위벌레
크기 6.5~10mm
잎을 둘둘 말아서 요람을 잘 만들어요.

우리나라 거위벌레 중 몸집이 가장 커요.

노랑배거위벌레
크기 3.5~5.5mm
배 부분이 노란색을 띠어요.

북방거위벌레
크기 3.5~4.5mm
목도 짧고 몸집도 매우 작아요.

어깨넓은 거위벌레
크기 5mm 내외
넓은 등판에 올록볼록 혹이 솟아 있어요.

단풍뿔거위벌레
크기 5.5~8.5mm
녹색 광택의 몸에 붉은색이 퍼져서 예뻐요.

분홍거위벌레
크기 6~6.5mm
적갈색을 띠는 거위벌레예요.

살펴보아요!

거위벌레의 요람 만들기

거위벌레는 잎을 잘 오리는 잎 재단사예요. 오린 잎을 둥글게 말아서 알을 1개 낳아요. 거위벌레 새끼들은 정성껏 만든 요람 속에서 어미의 따스한 사랑을 받고 태어납니다. 요람은 천적들로부터 보호해 주고 환경도 좋은 최고의 보금자리입니다. 요람을 다 완성한 거위벌레는 잎을 잘라 땅 위에 떨어뜨립니다.

요람 만들기
암컷은 잎을 둥글게 말아 요람을 만들어요.

왕거위벌레 암컷
요람을 완성한 다음에는 땅에 떨어뜨려요.

요람
땅 위에 떨어진 요람의 모습이에요.

요람 속의 알
요람 속에는 알이 1개씩 들어 있어요.

관련 교과 1–1 봄 〈2. 도란도란 봄 동산〉 / 2–1 여름 〈2. 초록이의 여름 여행〉 / 3–2 과학 〈2. 동물의 생활〉 / 5–2 과학 〈2. 생물과 환경〉

잎에서 만나는 작은 포식자

넓게 펼쳐진 들판은 곤충들의 천국입니다.
배고픈 곤충들의 먹이인 풀잎이 정말 많으니까요.
들판에는 풀잎을 갉아 먹으려는 곤충도 모이지만 잎사귀에는
전혀 관심이 없는 곤충도 모이지요. 무당벌레와 병대벌레,
의병벌레는 풀잎이나 풀즙을 먹으려고 모인 곤충들을 사냥합니다.
풀밭에서 작은 먹잇감을 노리는 꼬마 사냥꾼을 찾아보세요.
오물오물 대며 무얼 먹고 있는지도 자세히 살펴보세요.

무당벌레
크기 5~8mm
하루에도 200마리의 진딧물을 잡아먹어요.

칠성무당벌레
크기 5~8.5mm
붉은색 바탕에 검은색 점이 7개 있어요.

우리나라의 무당벌레 중 가장 크며 잎벌레류 애벌레를 잡아먹어요.

남생이무당벌레
크기 8~13mm
천연기념물 민물 거북인 남생이의 등판을 닮았어요.

꼬마남생이무당벌레
크기 3~4.5mm
거북 등판을 가진 동글동글하고 작은 무당벌레예요.

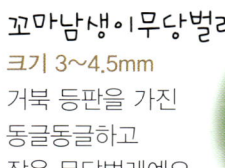

길고 우아한 다리를 가졌어요~

열석점긴다리무당벌레
크기 5.5~6mm
몸과 다리가 길쭉하고 검은색 점이 13개 있어요. 강변이나 습지의 갈대에 많아요.

유럽무당벌레
크기 4.4~6mm
황갈색 딱지날개에 14개의 연노란색 점무늬가 있어요.

노랑무당벌레
크기 3.5~5mm
딱지날개가 노란색이에요. 흰색 가슴에는 검은색 점이 2개 있어요.

큰이십팔점박이무당벌레
크기 7~8.5mm
진딧물 대신 감자나 가지의 잎을 갉아 먹어요.

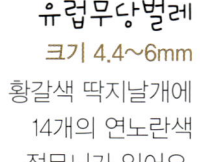

회황색병대벌레
크기 9~11mm
진딧물과
작은 애벌레를
잘 잡아먹어요.

등점목가는병대벌레
크기 10~15mm
병정의 무리처럼 용감하게
사냥해서 '병대벌레'라고 해요.

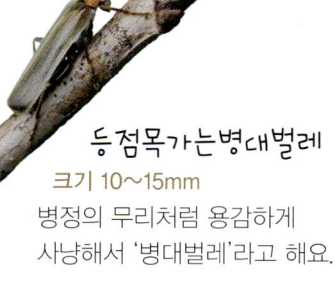

노랑줄어리병대벌레
크기 7~9mm
풀밭의 꽃 사이를 빠르게
이동하며 작은 곤충을 사냥해요.

무당벌레붙이
크기 4.7~5.5mm
무당벌레와 닮았지만
더듬이가 길어서 구별돼요.

노랑무늬의병벌레
크기 5.2~5.8mm
작고 연약해 보이지만
의병처럼 매우
용맹해요.

풀잎에
앉아 있으면
잘 보이지
않아요.

칠성풀잠자리
크기 14~15mm
몸 전체가 나뭇잎처럼
초록색을 띠고 있어요.

네눈박이송장벌레
크기 10~15mm
발 빠르게 움직이며
애벌레를 사냥해요.

살펴보아요!

무당벌레의 딱지날개 변이

무당벌레의 딱지날개 빛깔과 무늬는 다양해요. 그래서 딱지날개만 보고 무당벌레가 맞는지 알 수 없어요.
동글동글 생김새는 비슷하지만 다양한 체색 변이를 갖고 있는 무당벌레를 살펴보아요.

붉은색 바탕에 검은색 점이 있어요.	붉은색 바탕에 점이 거의 없어요.	붉은색 바탕에 점이 없어요.	검은색 바탕에 붉은색 점이 2개 있어요.	검은색 바탕에 붉은색 점 4개 있어요.

관련 교과 1-1 봄 〈2. 도란도란 봄 동산〉 / 3-2 과학 〈2. 동물의 생활〉

알록달록 다양한 딱정벌레

풀잎이나 나뭇잎은 곤충들의 휴식처입니다. 나뭇잎에서 쉬고 있던 방아벌레와 비단벌레는 미세한 변화도 빨리 알아채지요. 위험을 느끼면 바로 다리를 움츠리고 떨어집니다. 땅에 떨어진 방아벌레는 몸을 바로잡기 위해 방아를 찧는 듯 튀어 오르지요. 다이빙을 잘하는 비단벌레와 방아 찧는 방아벌레를 찾아보세요. 풀잎에 모이는 홍반디와 콩풍뎅이, 소바구미 같은 다양한 딱정벌레도 만나 보세요.

대유동방아벌레
크기 9~12mm
붉은색 털이 벗겨지면 누런 흙 빛깔 같아요.

검정빗살방아벌레
크기 17mm 내외
빗살 모양의 더듬이를 가졌어요.

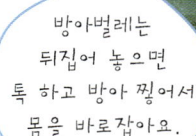

방아벌레는 뒤집어 놓으면 톡 하고 방아 찧어서 몸을 바로잡아요.

노란점색방아벌레
크기 8~10mm
딱지날개의 가장 윗부분에 노란색 점무늬가 1쌍 있어요.

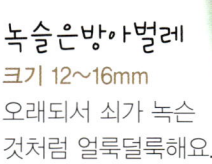

녹슬은방아벌레
크기 12~16mm
오래되서 쇠가 녹슨 것처럼 얼룩덜룩해요.

밤에 불빛에도 잘 모여들어요.

왕빗살방아벌레
크기 22~27mm
방아벌레 중에서 가장 커요.
곤충의 애벌레나 작은 동물을 잡아먹어요.

크라아츠방아벌레
크기 8.5~12mm
딱지날개에 동그란 연노란색 무늬가 있어요.

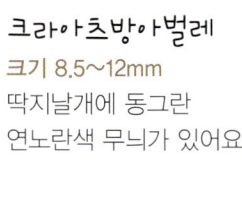

청동방아벌레
크기 15mm 내외
청동색 광택이 반짝거려요.

꼬마넓적비단벌레
크기 3~5mm
가슴 양옆에 붉은색 무늬가 있는 작은 비단벌레예요.

버드나무좀비단벌레
크기 3~4mm
딱지날개에 흰색 물결무늬가 있어요.

비단처럼 화려한 빛깔을 갖고 있어서 '비단벌레'라고 해요.

얼룩무늬좀비단벌레
크기 3~4mm
검은색 바탕에 노란색과 금갈색, 은백색 털이 빽빽해요.

콩풍뎅이
크기 10~13mm
모습이 마치 콩처럼 생겼어요.

노랑털검정반날개
크기 16~19mm
검은색의 몸에 노란색 털이 덮였어요.

우물... 우물...

희떡소바구미
크기 4.2~8mm
머리가 소머리를 닮았어요.

살짝수염홍반디
크기 9~12mm
멋진 수염 같은 긴 더듬이가 있어요.

관련 교과 1-1 봄 〈2. 도란도란 봄 동산〉 / 3-2 과학 〈2. 동물의 생활〉

산길의 나비와 풀잎의 나방

산길에서도 꽃처럼 예쁜 빛깔의 나비를 만날 수 있습니다.
물을 먹거나 체온을 높이기 위해 땅에 내려앉으니까요.
이른 아침 날개를 펄럭거리며 체온을 높이고 물을 먹는
나비의 모습을 관찰해 보세요. 낮에 활동하는 나방도
나뭇잎과 꽃에서 만날 수 있습니다. 산길과 풀잎에
앉아 있는 곤충이 나비인지 나방인지 구별해 보세요.

큰줄흰나비
크기 41~55mm
물을 빨아 먹으려고
땅에 내려앉아요.

범부전나비
크기 26~33mm
날개 뒷면의 갈색 띠무늬가
호랑이(범)를 생각나게 해요.

거꾸로여덟팔나비
크기 35~46mm
물가에 앉아 있는 나비의 등판에
거꾸로 된 팔(八)자 무늬가 있어요.

푸른부전나비
크기 26~32mm
활발하게 빨리 날아다니며
산길이나 나뭇잎, 꽃에 내려앉아요.

작은주홍부전나비
크기 26~34mm
산길이나 경작지의 길가에
잘 내려앉아요.

애기세줄나비
크기 42~55mm
세줄나비 중에서 가장 작아요.
날개에 3개의 줄이 있어요.

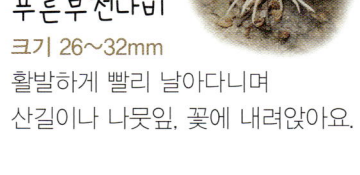

멧팔랑나비
크기 31~39mm
낙엽이나 땅 위에 앉았다가
팔랑거리며 잽싸게 날아가요.

부처사촌나비
크기 38~47mm
돌이나 낙엽 위에 앉았다가
재빨리 날아가요.

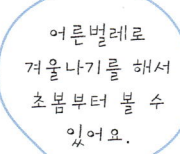

뿔나비
크기 32~47mm
주둥이가 뿔처럼 뾰족하게
튀어나왔어요.

어른벌레로 겨울나기를 해서 초봄부터 볼 수 있어요.

튀어나온 주둥이가 뿔나비와 많이 닮았어요.

뿔나비나방
크기 29~33mm
나비처럼 날개를 접고 꽃꿀을 빨아요.

꼬물꼬물 자벌레가 커서 '자나방'이 되어요.

흰띠큰물결자나방
크기 25mm 내외
낮에 날아다녀서 마치 나비 같아요.

깜둥이창나방
크기 16~18mm
검은색 바탕에 흰색 무늬가 있어요. 낮에 활동해요.

붉은꼬마꼭지나방
크기 5.5mm 내외
다리에 뾰족한 털이 달린 붉은색 꼬마 나방이에요.

포도유리날개알락나방
크기 30mm 내외
흑청색 몸 빛깔에 반투명한 날개를 가졌어요.

감나무잎말이나방
크기 20~25mm
주황색 날개에 검은색 줄무늬가 있어요.

줄점불나방
크기 38~44mm
흰색의 날개에 검은색 점들이 많아요.

살펴보아요!

나비와 나방의 차이점

나비와 **나방**은 모두 나비류에 속하지만 차이점이 있어요.

노란줄긴수염나방
크기 14~17mm
수염 같은 긴 더듬이를 가졌어요.

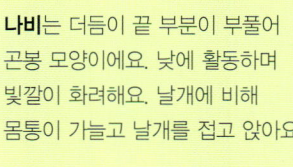

나비는 더듬이 끝 부분이 부풀어 곤봉 모양이에요. 낮에 활동하며 빛깔이 화려해요. 날개에 비해 몸통이 가늘고 날개를 접고 앉아요.

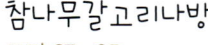

참나무갈고리나방
크기 27~35mm
앞날개 양 끝이 갈고리 모양이에요.
밤에도 등불에 잘 날아와요.

나방의 더듬이는 실 모양이나 깃털 모양 등 다양해요. 밤에 활동하며 빛깔이 어두운 종류가 많아요. 날개에 비해 몸통이 굵고 날개를 펴고 앉아요.

관련 교과 1-1 봄 〈2. 도란도란 봄 동산〉 / 3-2 과학 〈2. 동물의 생활〉

잎에 소풍 나온 벌과 파리

풀잎에 소풍 나온 벌과 파리는 맘껏 하늘을 날아다닙니다. 놀라운 비행 솜씨를 뽐내는 벌과 파리는 풀잎에 자주 앉아요. 날쌘 벌과 파리매는 금방 다른 곳으로 날아가서 관찰하기가 어려워요. 풀잎 위에서 잠시 쉴 때면 먹이와 먹는 모습을 자세히 관찰할 수 있어요. 파리매가 어떤 곤충을 사냥했는지 살펴보세요. 다른 곳으로 도망치기 전에 재빨리 관찰해야 해요.

구리수중다리잎벌
크기 14~15mm
구리 빛깔 광택의 뚱뚱한 몸과 두꺼운 다리를 가졌어요.

손으로 잡아도 쏘지 않아요.

왜무잎벌
크기 7mm 내외
머리와 딱지날개는 검은색이고 가슴은 주황색이에요.

테수염검정잎벌
크기 12mm 내외
뒷다리와 가슴등판에 흰색 점이 있어요.

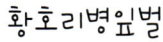

흰줄꼬마꽃벌
크기 8mm 내외
꿀벌처럼 다리에 꽃가루를 잔뜩 모아요.

황호리병잎벌
크기 12mm 내외
배 부분에 검은색 줄이 3개 있어요.
배 끝 부분은 주홍색이에요.

어리별쌍살벌
크기 15mm 내외
나비류의 애벌레를 잘 잡아먹어요.

홍다리조롱박벌
크기 22~30mm
야산의 산지와 들판을 날아다니며 실베짱이와 쌕쌔기를 사냥해요.

왕바다리
크기 25~30mm
앞가슴과 가운데가슴에 각각 1쌍의 노란색 세로줄이 선명해요.

동물의 시체와
상처에 알을 낳아
구더기증이 걸려요.

검정볼기쉬파리
크기 7~13mm
썩은 물질과
쓰레기에 잘 모여요.

연두금파리
크기 5~9mm
연녹색을 띠는 파리예요.

애벌레가 가축의
똥과 퇴비를 먹고
자라서 '똥파리'예요.

똥파리
크기 10mm 내외
들이나 산에 날아다니며
곤충을 사냥해요.

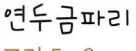

큰검정파리
크기 10~13mm
똥과 썩은 고기에 모이는
덩치 큰 남청색 파리예요.

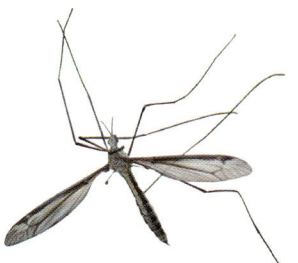

줄각다귀
크기 12~16mm
몸집이 큰 모기여서 '왕모기'라고 불러요.
하지만 피를 빨지 않고 풀즙을 먹어요.

장수각다귀
크기 24~34mm
각다귀 중에서
가장 몸집이 커요.

황각다귀
크기 12~14mm
가슴에 3개의 검은색
줄무늬가 특징이에요.

얼룩점밑들이파리매
크기 20mm 내외
얼룩점이 많고
빛깔이 화려해요.

광대파리매
크기 17~20mm
사냥매처럼 나비류와 매미충
등의 곤충을 잘 잡아먹어요.

관련 교과 1-1 봄 〈2. 도란도란 봄 동산〉 / 3-2 과학 〈2. 동물의 생활〉 / 5-2 과학 〈2. 생물과 환경〉

잎에서 만나는 방귀 벌레 노린재

풀밭에 나들이 나온 노린재가 방귀를 뿡뿡 뀝니다.
자신을 보호하고 또 친구들에게 위험을 알리기 위해서지요.
노린재는 숨겨 둔 긴 주둥이를 풀잎이나 줄기에 꽂아서
풀즙을 후루룩 빨아 먹지요. 침노린재와 주둥이노린재,
쐐기노린재는 풀즙 대신 다른 곤충을 사냥해서 피를 빨아 먹어요.
풀밭에 숨겨진 오각형과 육각형의 노린재를 찾아보세요.
다양한 노린재의 지독하고 향긋한 방귀 냄새도 한번 맡아 보세요.

가장 흔하고 대표적인 노린재로 다양한 식물과 열매의 즙을 빨아 먹어요.

알락수염노린재
크기 10~14mm
알록달록한 더듬이를 갖고 있어요.

북방풀노린재
크기 12~16mm
몸은 녹색 광택을 띠고 있어요.

가시점둥글노린재
크기 4~7mm
동글동글하고 작아서 무당벌레 같지만 앞가슴에 작은 가시가 있어요.

붉은잡초노린재
크기 6~8mm
들판이나 야산의 잡초 밭에 잘 날아다녀요.

흥부 이놈!

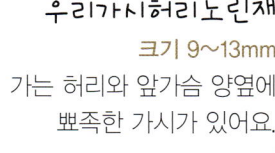

우리가시허리노린재
크기 9~13mm
가는 허리와 앞가슴 양옆에 뾰족한 가시가 있어요.

작은주걱참나무노린재
크기 11~13mm
녹색 몸이 나뭇잎 빛깔과 똑같아요.
몸 전체가 주걱 모양 같아요.

톱다리개미허리노린재
크기 14~17mm
허리가 개미허리처럼 호리호리해요.
다리에는 톱날이 있어요.

쐐기처럼 매우 무서운 사냥꾼이에요.

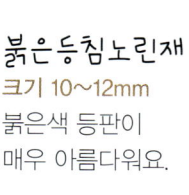

붉은등침노린재
크기 10~12mm
붉은색 등판이 매우 아름다워요.

빨간긴쐐기노린재
크기 10mm 내외
매우 약해 보이지만 무서운 흡혈귀예요.

배홍무늬침노린재
크기 13~15mm
뾰족한 주둥이로 다른 곤충을 사냥해요.

더듬이긴노린재
크기 7~10mm
길쭉한 몸과 긴 더듬이가 특징이에요.

남색주둥이노린재
크기 6~8mm
몸은 작고 빛깔은 청람색으로 예뻐요.
잎벌레류 애벌레를 잡아먹어요.

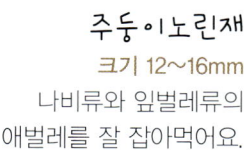

주둥이노린재
크기 12~16mm
나비류와 잎벌레류의 애벌레를 잘 잡아먹어요.

광대노린재
크기 16~20mm
광대처럼 알록달록 예쁜 빛깔을 자랑해요.

 살펴보아요!

우리도 노린재처럼 즙을 빨아 먹어요.

매미류에 속하는 곤충도 노린재처럼 나무나 풀의 즙을 빨아 먹어요. 거품벌레와 매미충, 뿔매미와 진딧물 등의 매미는 모두 빨대 같은 주둥이로 즙을 빨아 먹어요.

거품벌레
주둥이로 잎이나 줄기를 찔러서 거품을 만들어요. 침을 뱉어 놓은 것 같아서 '침벌레'라고 불러요.

진딧물
떼로 몰려서 풀즙을 먹고 살아요.

끝검은말매미충
작은 매미류예요.

뿔매미
들판에서 쉽게 볼 수 있어요.

관련 교과 1-1 봄 〈2. 도란도란 봄 동산〉 / 3-2 과학 〈2. 동물의 생활〉 / 5-2 과학 〈2. 생물과 환경〉

봄꽃에서 만나는 꽃가루 먹보

활짝 핀 예쁜 봄꽃에는 다양한 곤충이 모여들어요. 꽃무지와 꽃하늘소는 주둥이를 꽃 속에 파묻어 꽃가루를 먹어요. 붕붕 꿀벌과 꽃등에는 꽃가루를 모으지요. 꽃등에의 날갯짓은 벌과 같지만 침이 없어서 가까이서 관찰해도 되지요. 그러나 벌침이 있는 꿀벌은 조심해야 해요. 꽃 들판에 모여드는 다양한 곤충을 찾아보세요.

긴알락꽃하늘소
크기 12~23mm
봄꽃에 날아오는 가장 흔한 꽃하늘소예요.

풀색꽃무지
크기 10~14mm
꽃에 파묻혀서 꽃까지 다 먹어 치워요.

검정꽃무지
크기 11~14mm
검은색 몸에 연노란색 무늬가 1쌍 있어요.

꽃하늘소
크기 12~17mm
야생화를 찾아서 꽃가루를 먹어요.

두껍게 발달된 뒷다리로 벼룩처럼 톡톡 튀어요.

꽃벼룩
크기 5~6.5mm
위험하다고 느끼면 뒷다리로 톡 뛰어 다이빙을 해요.

수컷은 뒷다리가 알통 모양이에요.

시베르스하늘소붙이
크기 7.5~12mm
민들레와 양지꽃 등 봄꽃에 많이 모여요.

밑검은하늘소붙이
크기 5.5~8mm
하늘소를 닮아서 '하늘소붙이'라고 해요.

점날개잎벌레
크기 3.2~4mm
민들레와 양지꽃에 잘 날아와요.

목대장
크기 12~14mm
꽃하늘소와 비슷하지만 삼각형 모양의 가슴이 발달되어 있어요.

헬리콥터처럼 정지 비행하며 풀꽃을 찾아다녀요.

꼬마꽃등에
크기 8~9mm
노란색 줄무늬가 땅벌을 닮았지만 매우 작아요.

호리꽃등에
크기 8~11mm
몸통이 매우 호리호리해요.

좀털보재니등에
크기 10mm 내외
강아지처럼 온몸에 복슬복슬한 털이 달렸어요.

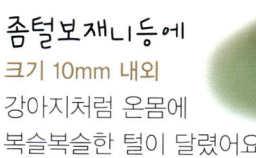

배짧은꽃등에
크기 10~13mm
윙윙 날갯짓 소리까지 벌을 닮았어요.

호박벌
크기 12~23mm
배 끝 부분이 주황색을 띠는 뚱뚱한 벌이에요.

양봉꿀벌
크기 10~17mm
달콤한 벌꿀도 얻고 식물의 꽃가루받이를 돕는 고마운 곤충이에요.

어리흰줄애꽃벌
크기 9mm 내외
흰색 꽃에 모여 꽃가루를 먹느라 바빠요.

우리나라 집게벌레 중에서 집게가 가장 길어요.

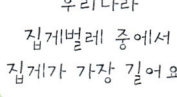

고마로브집게벌레
크기 15~22mm
잎사귀에서 잘 관찰되지만 꽃가루도 먹어요.

수염줄벌
크기 12~14mm
수염처럼 길고 가느다란 더듬이가 있어요.

관련 교과 1-1 봄 〈2. 도란도란 봄 동산〉 / 3-1 과학 〈3. 동물의 한살이〉 / 3-2 과학 〈2. 동물의 생활〉

꽃보다 예쁜 봄 나비

예쁜 나비가 꽃 들판에 날아다니자 풀밭에는 활기가 넘쳐요. 나풀나풀 꽃 사이를 누비는 나비들이 꽃보다 더 예쁘지요. 화려한 줄무늬의 호랑나비와 작고 알록달록한 부전나비, 들판에서 쉽게 보는 노랑나비와 배추흰나비가 들판을 더 돋보이게 만들어요. 들판이나 야산에 봄나들이 나온 예쁜 나비를 찾아보세요. 조심스럽게 다가가서 나비의 아름다운 빛깔도 자세히 관찰해 보세요.

호랑나비
크기 56~97mm
호랑이 줄무늬를 가진 몸집이 큰 나비예요.

애호랑나비
크기 39~49mm
초봄에 출현하는 작은 호랑나비예요.

수컷은 암컷이 더 이상 사랑하지 못하게 꽁무니에 수태낭(짝짓기주머니)을 만들어요.

제비나비
크기 85~120mm
제비처럼 꼬리가 매우 길어요.

모시나비
크기 43~60mm
비늘가루가 거의 없는 투명한 날개가 모시옷 같아요.

배추흰나비
크기 39~52mm
우리나라에서 가장 흔한 나비로 배추벌레가 애벌레예요.

큰줄흰나비
크기 41~55mm
흰색 날개에 검은색 줄무늬가 선명해요.

갈구리나비
크기 43~47mm
갈고리처럼 구부러진 날개를 가졌어요.

수컷은 날개가 노란색이지만 암컷은 흰색과 노란색 두 가지예요.

대만흰나비
크기 37~46mm
날개 끝의 검은색 무늬 아래에도 또 다른 검은색 무늬가 있어요.

노랑나비
크기 38~50mm
들판을 매우 빠르게 지그재그로 날아다녀요.

암먹부전나비
크기 17~28mm
풀밭을 활발하게
휘저으며 날아다녀요.

꼬리돌기가 머리 같아서 천적들의 공격에서 자신을 보호해요.

범부전나비
크기 26~33mm
날개의 얼룩덜룩한 무늬가
호랑이 줄무늬 같아요.

작은주홍부전나비
크기 26~34mm
날개가 주홍색인
아름다운 나비예요.

귤빛부전나비
크기 34~37mm
나뭇잎에 앉아 있는
귤색 날개가
잘 보여요.

왕자팔랑나비
크기 33~38mm
나뭇잎에 앉자마자 다른 곳으로
날아가서 관찰하기가 어려워요.

산줄점팔랑나비
크기 26~35mm
풀밭을 팔랑거리며
정신없이 날아다녀요.

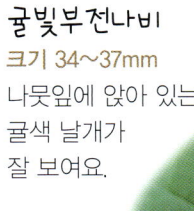

애기세줄나비
크기 42~55mm
사뿐사뿐 날아다니는 모습이 요정 같아요.

멧팔랑나비
크기 31~39mm
요리조리 꽃을 찾아다니며
꿀을 빨아요.

거꾸로여덟팔나비
크기 35~46mm
날개 아랫면이 거미줄 같아요.

29

관련 교과 1-1 봄 〈2. 도란도란 봄 동산〉 / 2-1 여름 〈2. 초록이의 여름 여행〉 / 3-1 과학 〈3. 동물의 한살이〉 / 3-2 과학 〈2. 동물의 생활〉

물에서 만나는 곤충

시냇물이 졸졸 흐르면 물에 사는 곤충들도 봄맞이를 합니다.
꼬리가 긴 봄처녀하루살이가 가장 먼저 봄 소식을 알려 주지요.
맑은 시냇가에는 진강도래와 바수염날도래, 쇠측범잠자리가 날아다녀요.
물가에는 밑들이가 소리 없이 날고, 물 위에는 소금쟁이가 떠다닙니다.
아직도 어른이 되지 못한 애벌레는 빨리 어른이 되려고 열심히 먹어요.
시냇가 주변에서 날아다니는 수서곤충을 찾아보세요.
돌을 뒤집거나 낙엽 사이에 숨어 있는 물속의 곤충들도 찾아보세요.

봄처녀하루살이
크기 10~15mm
초봄에 가장 먼저 나오는 꼬리가 긴 하루살이예요.

진강도래
크기 25~30mm
깨끗한 1급수에서만 사는 곤충이에요.

작은 날파리 떼는 하루살이가 아니에요.

가는무늬하루살이
크기 20mm 내외
계곡 주변의 차가운 물가에서 살아요.

바수염날도래
크기 7~11mm
나방처럼 보이지만 날개는 기와지붕처럼 생겼어요.

쇠측범잠자리
크기 40~44mm
계곡에서 볼 수 있는 가장 흔한 잠자리예요.

밑들이
크기 12~14mm
수컷은 암컷에게 먹이 선물을 주고 짝짓기를 해요.

수서곤충 애벌레

가는무늬하루살이
크기 20mm
3개의 꼬리가 있어요.

물의 깨끗함을 확인할 수 있는 '수질지표종'이에요.

한국강도래
크기 25~30mm
차갑고 깨끗한 계곡에서만 살아요.

흰부채하루살이
크기 10~15mm
배 부분이 부채살처럼 되어 있어요.

가시우묵날도래
크기 13~15mm
모래로 원통형의 집을 만들어서 달팽이처럼 살아요.

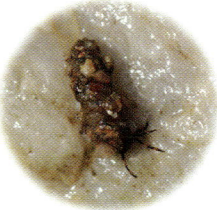

각다귀
크기 25mm
다리가 없어서 구더기처럼 꼬물거리며 기어가요.

긴발톱물날도래
크기 10~15mm
물에 떠다니며 작은 수생 생물을 잡아먹어요.

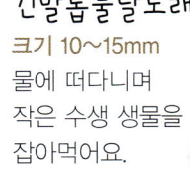

쇠측범잠자리
크기 18~20mm
흐르는 맑은 냇물에 사는 잠자리 애벌레예요.

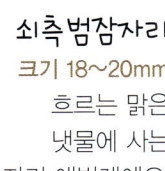

대륙뱀잠자리
크기 40~50mm
작은 물고기나 곤충을 잡아먹고 살아요.

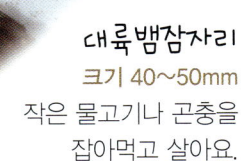

살펴보아요!

달팽이처럼 집 짓는 물속의 날도래

날도래는 물속에서 집을 짓고 살아요. 날도래 종류마다 다른 집을 짓기 때문에, 집만 보면 어떤 날도래인지 알 수 있어요.

둥근날개날도래
집이 복슬복슬 털이 많아요.

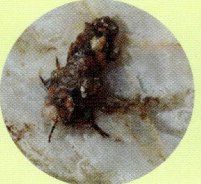

가시우묵날도래
모래로 만든 돌집에 살아요.

띠우묵날도래
모래와 나뭇가지를 섞어서 집을 지어요.

띠무늬우묵날도래
돌로 만든 집을 돌에 붙여요.

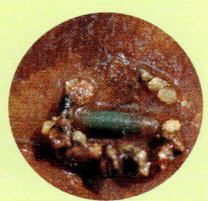

긴발톱물날도래
집 없이 떠다니며 살다가 돌을 붙여서 번데기가 되어요.

관련 교과 1-1 봄 〈2. 도란도란 봄 동산〉 / 3-2 과학 〈2. 동물의 생활〉

봄에 태어난 귀여운 애벌레

따뜻한 봄이 되면 귀여운 새끼 곤충들이 많이 태어납니다.
새끼 곤충들은 어른이 되려고 무조건 열심히 먹지요.
무당벌레 애벌레는 진딧물을 사냥하고, 잎벌레와 나방의 애벌레는
잎사귀 먹보가 됩니다. 노린재 애벌레는 열심히 풀즙을 빨아 먹고,
메뚜기도 열심히 잎을 갉아 먹어요. 풀잎이나 나뭇잎에서 발견한
곤충이 어른벌레인지 애벌레인지 구별해 보세요.
새끼 곤충이 다 자라면 어떤 모습의 어른이 될지도 생각해 보세요.

무당벌레
크기 8~10mm
주로 진딧물을 먹지만
같은 무당벌레
애벌레도 잡아먹어요.

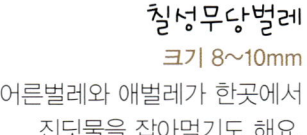

칠성무당벌레
크기 8~10mm
어른벌레와 애벌레가 한곳에서
진딧물을 잡아먹기도 해요.

좀남색잎벌레
크기 6~9mm
소리쟁이의 잎에 함께
모여 갉아 먹어요.

버들잎벌레
크기 9~10mm
개울가의 버드나무
잎에 많아요.

남생이무당벌레
크기 10~15mm
몸집이 커서 진딧물보다
잎벌레류 애벌레를 잡아먹어요.

애모무늬잎말이나방
크기 15~17mm
잎을 말아서
속을 먹고 살아요.

홍단딱정벌레
크기 30mm 내외
달팽이나 지렁이 같은
작은 동물을 잡아먹어요.

"노린재나무만 먹고 살아요."

뒤흰띠알락나방
크기 25mm 내외
노란색의 사각형
무늬가 2줄 있어요.

흰눈까마귀나방
크기 40mm 내외
어른이 되면 까마귀처럼
까만 나방이 돼요.

가시노린재
크기 6~8mm
풀과 나무의 즙을 빨다가
위험하면 땅에 툭 떨어져요.

다리무늬침노린재
크기 8~10mm
어릴 때부터 작은 곤충을
사냥해서 체액을 빨아 먹어요.

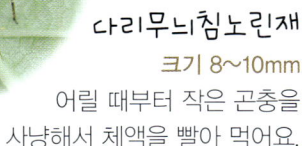

몸 색깔과 무늬가 다양해요.

모메뚜기
크기 5~10mm
크기가 매우 짧고 각이 졌어요.

작은주걱참나무노린재
크기 6~9mm
참나무류의
잎 뒷면에서 살아요.

광대노린재
크기 12~15mm
흰색 줄무늬가 있고
몸이 둥글고 커요.

밑들이메뚜기
크기 20~35mm
녹색의 뒷다리에
검은색 무늬가 있어요.

어른이 되면 앞날개가 매우 짧아서 '잔날개'라고 해요.

잔날개여치
크기 11~20mm
흑갈색의 몸에 흰색
줄이 선명해요.

원산밑들이메뚜기
크기 18~30mm
몸 전체가 얼룩덜룩해요.
뒷다리에 검은색 띠가
3개 있어요.

갈색여치
크기 20~28mm
전체적으로 갈색의
몸을 가졌어요.

살펴보아요!

어른벌레와 똑같이 닮은 새끼 곤충

봄에 태어난 애벌레 중에는 어른과 모습이 닮은 경우가 많아요. 사마귀와 대벌레, 꼽등이의 애벌레는 몸집이 작아서 약하게 보일 뿐 어른벌레와 매우 닮았어요. 지금부터 열심히 먹고 잘 자라야 멋진 어른이 됩니다.

사마귀 애벌레   대벌레 애벌레

꼽등이 애벌레

관련 교과 1-1 봄 〈2. 도란도란 봄 동산〉 / 3-2 과학 〈2. 동물의 생활〉

봄에 피어난 사랑

따스한 봄날에 곤충들도 사랑에 빠졌습니다.
사랑의 향기를 뿌리며 바쁘게 짝을 찾아요.
무당벌레나 꽃하늘소 수컷은 암컷 등에 올라타서 짝짓기해요.
나비와 노린재는 부끄러운 듯 서로 반대 방향을 보며 사랑하지요.
짝짓기하는 곤충 중에서 누가 암컷이고 수컷인지 맞춰 보세요.
다양한 모습으로 풀잎과 꽃 위에서 사랑하는 곤충들을 만나 보세요.

무당벌레
동글동글한 무당벌레는
수컷이 암컷 위에 올라타요.

호랑꽃무지
짝짓기 중에도
꽃가루를 먹어요.

꼬마남생이무당벌레
점무늬가 달라도 같은
꼬마남생이무당벌레예요.

꽃하늘소
양지바른 돌 위에서
사랑해요.

밑검은하늘소붙이
노란색 꽃 위를
돌아다니며 사랑해요.

긴알락꽃하늘소
수컷이 암컷 위에 올라타서도
꽃을 찾아 함께 움직여요.

연노랑목가는병대벌레
수컷은 암컷을 놓치지 않으려고
꼭 붙어 다녀요.

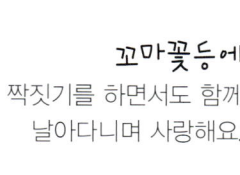

꼬마꽃등에
짝짓기를 하면서도 함께
날아다니며 사랑해요.

길앞잡이
수컷이 큰턱으로
암컷을 꽉 물고 짝짓기해요.

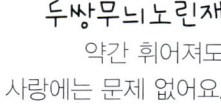

암먹부전나비
풀잎 위에서 서로 몸을
비벼 대며 짝짓기해요.

배추흰나비
미끄러지지 않게 나뭇잎을
꼭 잡고 사랑해요.

두쌍무늬노린재
약간 휘어져도
사랑에는 문제 없어요.

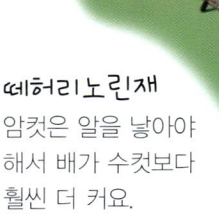

넓적배허리노린재
서로 반대 방향을 보며 사랑해요.
암컷 몸집이 더 커요.

등빨간소금쟁이
물 위에서
미끄러지면서도 사랑해요.

떼허리노린재
암컷은 알을 낳아야
해서 배가 수컷보다
훨씬 더 커요.

바수염날도래
물가 근처에서
사랑하는 모습을 볼 수 있어요.

큰허리노린재
풀잎 위에서
V자로 꺾여서
짝짓기를 해요.

검털파리
사랑할 때는 꼭 붙어서
떨어지지 않아요.

살펴보아요!

짝짓기를 거부하는 큰줄흰나비 암컷

큰줄흰나비는 한 번 사랑하고 나면 다시는
짝짓기를 하지 않아요. 또 다른 수컷이 아무리
사랑 고백을 해도 거부 행동하며 받아 주지 않아요.
몸을 뒤집어서 배를 하늘 높이 치켜드는 것은
'나는 사랑을 했으니 다른 짝을 찾으세요.'
라는 뜻이에요.

큰줄흰나비가 짝짓기를 거부해요.

여름이 오면

햇볕이 강렬한 무더위에서도
곤충들은 활기가 넘쳐 나요.
산길과 풀잎, 시냇가, 하늘, 숲
어디든지 곤충들의 세상이 되지요.
수많은 생물과 함께 어우러져 살아가는
다양한 곤충을 만나 볼까요!

↑ 말매미가 나무에 앉아 맴맴 울어 대며 무더위를 알려요.

↑ 풀잎이 무성한 들판은 카멜레온줄풍뎅이의 놀이터예요.

여름

곤충의 생김새를 관찰해야지!

관련 교과 2-1 여름 〈2. 초록이의 여름 여행〉 / 3-2 과학 〈2. 동물의 생활〉

산길에서 보이는 곤충

뜨거운 햇볕이 내리쬐는 산길에 아지랑이가 타오르네요.
산길에 나선 곤충들은 힘들지만 발발대며 열심히 기어갑니다.
먹이를 찾거나 시원한 곳으로 빨리 피해야 하기 때문이에요.
축축하고 그늘진 곳을 좋아하는 먼지벌레와 집게벌레는
풀숲에 꼭꼭 숨어 있답니다. 꽃을 찾던 나비는
잠시 쉬거나 물을 먹기 위해 땅 위에 내려앉아요.
먼지가 풀풀 나도록 기어가는 곤충들을 따라가 보세요.
산길 위에서 곤충들이 무얼 하는지 잘 관찰해 보세요.

꼬마길앞잡이
크기 8~11mm
작지만 육상선수처럼
매우 빨리 달려요.

줄먼지벌레
크기 22~23mm
딱지날개에 줄무늬가
선명해요.

노랑무늬먼지벌레
크기 12~13mm
엉덩이 부분에 노란색
무늬가 2개 있어요.

황갈색줄풍뎅이
크기 11.5~14mm
애벌레는 식물의 뿌리를 먹고
어른벌레는 잎을 먹어요.

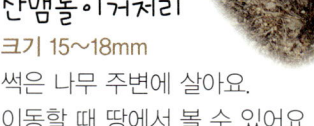

방어 물질이
손에 묻으면
갈색 물이 들어요.

산맴돌이거저리
크기 15~18mm
썩은 나무 주변에 살아요.
이동할 때 땅에서 볼 수 있어요.

참검정풍뎅이
크기 16~21mm
풀숲의 땅 가까이에서 살아요.

우묵거저리
크기 9~12.5mm
몸이 긴 타원형이에요.
고약한 냄새를 풍겨요.

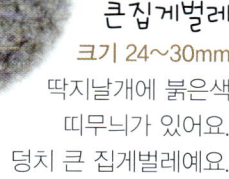

큰집게벌레
크기 24~30mm
딱지날개에 붉은색
띠무늬가 있어요.
덩치 큰 집게벌레예요.

끝마디통통집게벌레
크기 15~20mm
배 끝으로 갈수록
볼록하게 부풀었어요.

> 날개가 없는 매우 원시적인 곤충이에요.

납작돌좀
크기 10~15mm
바위나 나무 틈,
낙엽 밑에 살며
재빨리 기어가요.

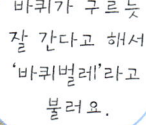

> 바퀴가 구르듯 잘 간다고 해서 '바퀴벌레'라고 불러요.

산바퀴
크기 12~14mm
집에 사는 바퀴와 닮았지만
산에서만 사는 다른 종류예요.

호리병벌
크기 25~30mm
호리병 모양의 둥지를
만들려고 땅에서
흙을 모아요.

큰흰줄표범나비
크기 58~69mm
양지바른 풀밭에서
날아다니다가 물을
먹기 위해 땅에도
잘 날아와요.

산녹색부전나비
크기 31~37mm
활발하게 날아다니다가
땅에 잘 내려앉아요.

 **살펴보아요!**

구석으로 꼭꼭 숨어요.

땅에서 생활하는 곤충 중에는 햇볕을 싫어하는 종들이 많아요. 먼지벌레와 풍뎅이, 바퀴벌레와 집게벌레, 땅노린재 등 다양한 곤충이 땅속과 낙엽 밑, 돌 틈에 숨기를 좋아해요. 그런데 머리 부분만 숨기고는 꼼짝하지 않아요. 머리만 숨으면 완전히 숨었다고 생각하는 모습이 매우 귀엽답니다.

가는청동머리먼지벌레
머리만 숨기고
꼼짝 안해요.

노랑무늬먼지벌레
엉덩이의 노란색
무늬가 보여요.

큰검정풍뎅이
땅속을 파고 들어가요.

큰집게벌레
움푹 파인 땅속에
숨어요.

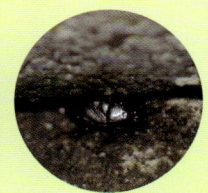
땅노린재
틈이 있으면 잘 숨어요.

관련 교과 2-1 여름 〈2. 초록이의 여름 여행〉 / 3-2 과학 〈2. 동물의 생활〉 / 5-2 과학 〈2. 생물과 환경〉

시체와 배설물에 모이는 곤충

숲에 살던 두더지나 지렁이 같은 동물이 죽으면 시체 썩는 냄새가 풍깁니다.
킁킁 귀신같이 냄새를 잘 맡은 곤충들이 저마다 시체에 모여들지요.
동물 시체를 먹거나 알을 낳거나, 또는 시체를 통째로 묻기 위해서예요.
시체가 점점 썩어 가면서 모여드는 곤충의 종류도 달라집니다.
동물의 시체에 어떤 곤충이 모이는지 잘 관찰해 보세요.
배설물이나 오염된 물질에 모이는 곤충도 코를 막고 살펴보세요.

송장벌레는 죽은 시체를 파묻어서 '매장충'이라 해요.

큰수중다리송장벌레
크기 15~28mm
뒷다리가 매우 두꺼워요.
파리류 애벌레인 구더기를 잡아먹어요.

넉점박이송장벌레
크기 13~21mm
주황색 딱지날개에 4개의 검은색 점이 있어요.

꼬마검정송장벌레
크기 8~15mm
검은색의 반질반질한 광택을 가졌어요.

큰넓적송장벌레
크기 17~23mm
등판이 전체적으로 넓적한 것이 특징이에요.

좀송장벌레
크기 14mm 내외
죽은 시체나 썩은 물질을 먹고 살아요.

홍딱지반날개
크기 18mm 내외
황갈색의 딱지날개가 매우 짧아서 배 부분이 다 보여요.

큰검정파리
크기 10~13mm
시체나 배설물에 휙휙 잘 날아와요.

사망 시간을 알아내는 '법곤충'으로 가장 많이 활용돼요.

금파리
크기 6~12mm
물고기 시체에 떼로 모여들어 알을 낳아요.

큰넓적송장벌레
크기 17~23mm
죽은 지렁이 시체를 잘 뜯어 먹어요.

똥풍뎅이
크기 4.5~7.2mm
똥을 좋아하는 풍뎅이예요.

안타깝게도 우리나라에서는 똥을 굴리는 소똥구리가 거의 멸종했어요.

왕소똥구리
크기 20~33mm
소똥이나 말똥을 동그랗게 만들어서 굴려요.

참땅벌
크기 18mm 내외
시체에 모여들어 고기를 뜯어 먹어요.

주름개미
크기 2.5~3.5mm
떼로 모여서 시체를 작게 뜯어 운반해요.

모가슴소똥풍뎅이
크기 7~11mm
배설물에 잘 모여들어요.

관련 교과 2-1 여름 〈2. 초록이의 여름 여행〉 / 3-2 과학 〈2. 동물의 생활〉

초록 풀잎을 먹고 사는 잎벌레

온 세상이 초록 빛깔로 물든 여름은 잎을 좋아하는 잎벌레의 세상이에요.
알록달록 다양한 빛깔의 작은 잎벌레가 잎사귀에 모여들었어요.
잎벌레는 반질반질한 풀잎이나 줄기에서도 미끄러지지 않고
잘 기어 다녀요. 잎사귀를 먹고 사는 잎벌레는 초록의 계절 여름을
가장 좋아하지요. 둥글게 생긴 작은 잎벌레의 예쁜 빛깔을 살펴보세요.
풀잎 끝까지 올라간 잎벌레가 날개를 펴고 날아가는 모습도 관찰해 보세요.

동그란 몸과 검은색 점무늬가 무당벌레와 닮아서 헷갈려요.

청줄보라잎벌레
크기 11~15mm
녹색과 붉은색 광택이 예뻐요.

우리나라 잎벌레 중 빛깔이 가장 아름다워요.

열점박이별잎벌레
크기 9~14mm
동글동글 점이 10개 있어요.

주홍배큰벼잎벌레
크기 6~8.2mm
배 부분이 주홍색이에요.

고구마잎벌레
크기 5.3~6mm
애벌레 시절에는 고구마 뿌리를 갉아 먹어요.

딸기잎벌레
크기 3.7~5.2mm
딸기 잎을 잘 갉아 먹어요.

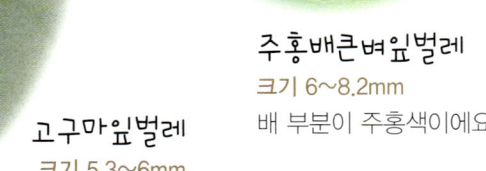

검정오이잎벌레
크기 5.8~6.3mm
오이 잎을 잘 먹고 살아요.

버들꼬마잎벌레
크기 3.3~4.4mm
청남색의 작고 동그란 잎벌레예요.

홍줄큰벼잎벌레
크기 4.3~4.5mm
닭의장풀에서 잘 발견돼요.

크로바잎벌레
크기 3.6~4mm
딱지날개에 둥근 연노란색 점무늬가 있어요.

동그란 모양이 무당벌레 같지만 더듬이가 길어서 달라요.

밤나무잎벌레
크기 4.8~5.5mm
딱지날개에 검은색 점과 띠가 있어요.

사각노랑테가시잎벌레
크기 4.5~5.6mm
가시가 뾰족뾰족 나 있어요.

단색둥글잎벌레
크기 4~5mm
무당벌레처럼 동그란 모양이에요.

남생이잎벌레
크기 6.3~7.2mm
전체적인 모습이 물속에 사는 남생이를 닮았어요.

살펴보아요!

이름에 '붙이'가 들어간 곤충 – 잎벌레붙이, 하늘소붙이, 방아벌레붙이

곤충의 이름에 '붙이'라는 말이 들어가면 원래의 곤충과 모습이 닮았다는 뜻이에요.
잎벌레붙이는 잎벌레와, 하늘소붙이는 하늘소와, 방아벌레붙이는 방아벌레와 매우 닮았습니다.

털보잎벌레붙이
잎벌레보다 엉덩이 부분이 더 불룩해요.

시베르스하늘소붙이
불룩 나온 알통은 수컷만 갖고 있어요.

붉은가슴방아벌레붙이
방아벌레처럼 몸을 튕겨서 뒤집을 수 없어요.

관련 교과 2-1 여름 〈2. 초록이의 여름 여행〉 / 3-2 과학 〈2. 동물의 생활〉

잎사귀가 좋은 딱정벌레

무성한 풀밭에는 다양한 딱정벌레가 모여듭니다.
풀잎에는 동글동글하게 생긴 풍뎅이들이 나들이를 나왔어요.
풀줄기에는 더듬이가 매우 긴 하늘소가 쉬고 있습니다.
초록이 무성한 들판에는 알록달록 다양한 딱정벌레의 세상이
펼쳐진답니다. 잎사귀 위에 앉아 있는 딱정벌레가 누구인지 맞춰 보세요.
누군가 왔다는 걸 눈치채면 어떤 반응을 보이는지 관찰해 보세요.

등얼룩풍뎅이
크기 8~13mm
얼룩덜룩한 등판이 특징이에요.

녹색콩풍뎅이
크기 9~12mm
머리와 가슴 부분이 녹색인 콩을 닮은 풍뎅이예요.

참콩풍뎅이
크기 10~15mm
떼 지어 모여 짝짓기도 하고 먹이도 먹어요.

등노랑풍뎅이
크기 12~18mm
연노란색의 등판이 독특해요.

몸 표면 감촉이 우단처럼 좋아서 '우단풍뎅이'라고 불러요.

줄우단풍뎅이
크기 6~8.5mm
앞가슴등판에 2개의 세로줄 무늬가 있어요.

주둥무늬차색풍뎅이
크기 9~14mm
몸 전체가 황백색 털로 덮여 있어요.

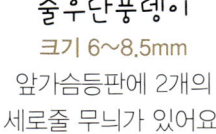

주황긴다리풍뎅이
크기 7~10mm
작지만 매우 긴 다리가 특징이에요.

홈줄풍뎅이
크기 11~16mm
딱지날개에 굵은 줄무늬가 많아요.

녹색, 황록색, 검은 보라색까지 각기 다른 빛깔이 카멜레온 같아요.

카멜레온줄풍뎅이
크기 12~17mm
다양한 빛깔을 갖고 있어요.

44 여름

붉은산꽃하늘소
크기 12~22mm
풀잎 위에서 쉬고 있는 모습을 자주 볼 수 있어요.

벌호랑하늘소
크기 8~19mm
줄무늬와 빠른 동작이 호랑이를 닮았어요.

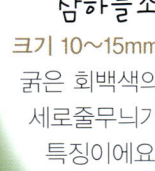

삼과 식물을 먹고 살아요.

삼하늘소
크기 10~15mm
굵은 회백색의 세로줄무늬가 특징이에요.

남색초원하늘소
크기 11~17mm
들판이나 초원에 많은 남색 하늘소예요.

저 푸른 초원 위에~ ♪

굵은수염하늘소
크기 15~18mm
굵은 수염 같은 더듬이를 가졌어요.

꼬마방아벌레
크기 4.5mm 내외
매우 작은 방아벌레예요.

황녹색호리비단벌레
크기 6.5~8mm
호리호리하고 길쭉한 비단벌레예요.

검정테광방아벌레
크기 9~14mm
가슴등판에 검은색 세로줄무늬가 있어요.

생김새가 다양한 딱정벌레

곤충들의 계절인 여름에는 다양한 딱정벌레가 모습을 나타냅니다.
딱정벌레는 먹거나 쉬기 위해서 풀잎이나 나뭇잎을 찾아요.
때로는 그냥 지나가다가 풀잎에 잠시 머무르기도 합니다.
풀잎이나 나뭇잎에 앉아 있는 다양한 형태의 딱정벌레를
만나 보세요. 왜 잎사귀 위에 앉아 있을지 이유도 생각해 보세요.

황머리털홍날개
크기 8~12mm
홍날개보다 크고 머리와
가슴 부분이 검은색이에요.

살짝수염홍반디
크기 9~12mm
몸은 붉은색으로 눈썹
모양의 더듬이가 있어요.

홍날개
크기 7~10mm
붉은색 딱지날개가
매우 약해요.

개미처럼 빠른 발로 작은 곤충을 잡아먹어요.

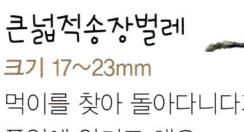

개미붙이
크기 7~10mm
알록달록한 개미 같아요.

큰넓적송장벌레
크기 17~23mm
먹이를 찾아 돌아다니다가
풀잎에 앉기도 해요.

미륵무늬먼지벌레
크기 11.2~13.5mm
땅에서 활동하다가
풀잎을 지나가기도 해요.

녹슬은반날개
크기 13~16mm
몸 전체가 마치 녹이
슨 것처럼 보여요.

도토리 속에 알을 낳아요.

도토리거위벌레
크기 7~10.5mm
단단한 도토리에 구멍을 뚫는 기술이 있어요.

뭉뚝바구미
크기 4.2~6mm
주둥이가 뭉툭해요.

느릅나무혹거위벌레
크기 6mm 내외
딱지날개에 볼록한 혹이 있어요.

분홍거위벌레
크기 6~6.5mm
까만 눈은 볼록 나와 있고 딱지날개는 분홍색이에요.

왕주둥이바구미
크기 6.5~9.5mm
주둥이는 짧지만 더듬이는 매우 길어요.

얼룩무늬가시털바구미
크기 5~6.2mm
딱지날개에 얼룩무늬가 있는 작은 바구미예요.

북방길쭉소바구미
크기 5~10mm
몸이 길쭉한 원통형이에요.

살펴보아요!

떨어진 참나무 나뭇가지의 비밀

도토리거위벌레는 참나무 가지를 잘라서 땅에 떨어뜨려요. 도토리에 알을 낳고, 도토리가 익어서 단단해지기 전에 애벌레가 먹을 수 있게 생각한 도토리거위벌레의 지혜이지요. 나뭇가지를 잘라서 땅에 떨어뜨리면 애벌레는 번데기가 되기 위해 땅속으로 들어가기도 쉽답니다.

도토리거위벌레

땅에 떨어진 참나무 가지

땅에 떨어진 도토리와 가지

도토리거위벌레가 알을 낳은 흔적

뿡뿡 방귀 대장 노린재

관련 교과 3-2 과학 〈2. 동물의 생활〉 / 5-2 과학 〈2. 생물과 환경〉

키가 쑥 자라 무성해진 수풀에는 풀잎을 좋아하는 방귀쟁이도 모여듭니다. 노린재는 맘에 드는 식물을 찾으면 숨겨 두었던 기다란 주둥이를 꺼내지요. 후루룩 식물의 체관에 주둥이를 꽂고 빨아 먹으면 식물들은 몸살을 앓는답니다. 풀즙을 먹는 노린재와 닮았지만 주둥이노린재는 드라큘라처럼 곤충이나 애벌레의 피를 빨아 먹지요. 풀밭을 마구 휘저으며 활기차게 날아다니는 노린재를 찾아보세요. 주둥이노린재가 어떤 먹잇감을 사냥하는지 관찰해 보세요.

민풀노린재
크기 11~14mm
풀줄기나 나뭇잎에 잘 붙어 있어요.

풀색노린재
크기 12~16mm
몸은 풀 빛깔이에요.
방귀에는 진한 풀 향기가 나요.

알락수염노린재
크기 10~14mm
오각형이나 육각형의 도형을 보는 것 같아요.

풀즙을 잘 빨아 먹으며 함께 모여 있기도 해요.

가시노린재
크기 8~10mm
구릿빛 광택이 나며 양 어깨 부분이 가시처럼 볼록 나왔어요.

메추리노린재
크기 8~10mm
머리 부분이 새인 '메추리'와 닮았어요.

점박이둥글노린재
크기 4~6mm
몸은 동글동글하고 갈색이에요.

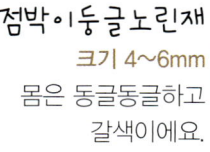

배둥글노린재
크기 5~7mm
연한 갈색의 몸에 흰색 점이 2개가 보여요.

참나무 숲에 많이 살아요.

얼룩대장노린재
크기 21mm 내외
대장답게 몸집이 크고 얼룩덜룩해요.

북쪽비단노린재
크기 6~9mm
거꾸로 보면 수염 달린 할아버지 얼굴 같아요.

주둥이노린재
크기 12~16mm
나비류 애벌레를 잘 사냥해요.

비단노린재는 이름처럼 빛깔이 예뻐요.

홍비단노린재
크기 6~9mm
붉은색 줄무늬가 그물처럼 펼쳐져 있어요.

먹노린재
크기 8~10mm
몸 전체가 먹물처럼 검은색이에요.

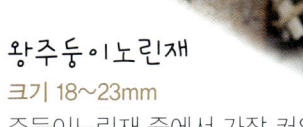

왕주둥이노린재
크기 18~23mm
주둥이노린재 중에서 가장 커요.

갈색큰먹노린재
크기 8~10mm
낙엽 밑이나 땅에 살면서 식물의 뿌리를 먹고 살아요.

남색주둥이노린재
크기 6~8mm
청람색 광택이 반짝거리는 작은 사냥꾼이에요.

관련 교과 3-2 과학 〈2. 동물의 생활〉 / 5-2 과학 〈2. 생물과 환경〉

독특한 허리노린재와 장님노린재

쨍쨍 내리쬐는 무더운 여름이 되면 노린재는 마냥 신이 납니다. 여기저기를 잘 옮겨 다니는 허리노린재의 배는 볼록해도 허리만큼은 잘록하지요. 홑눈이 없는 장님노린재는 성큼 자란 풀밭을 너무 좋아합니다. 훌쩍 날아가지 않고 가만히 앉아서 풀즙을 먹는 허리노린재를 찾아보세요. 풀밭에서 활동하는 다양한 종류의 장님노린재도 만나 보세요.

넓적배허리노린재
크기 11~15mm
허리는 잘록하지만 배 부분이 매우 넓적해요.

시골가시허리노린재
크기 9~11mm
몸은 호리호리하고 어깨에 가시가 있어요.

> 함께 모여 있으면 천적들로부터 방어하는 데에 도움이 돼요.

떼허리노린재
크기 8~12mm
떼로 모여서 먹이도 먹고 짝짓기도 해요.

장수허리노린재
크기 18~24mm
뒷다리가 매우 두툼하게 부풀어 있어요.

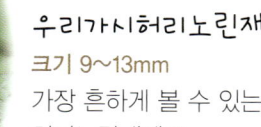

우리가시허리노린재
크기 9~13mm
가장 흔하게 볼 수 있는 허리노린재예요.

> 썩은 냄새가 나는 지독한 방귀를 뀌어요.

큰허리노린재
크기 18~25mm
몸집이 커서 움직임이 둔한 큰 노린재예요.

꽈리허리노린재
크기 10~14mm
꽈리나 감자 등의 식물을 먹고 살아요.

밀감무늬검정장님노린재
크기 7~9mm
홑눈이 없어서 '장님노린재'예요.

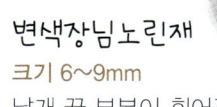

변색장님노린재
크기 6~9mm
날개 끝 부분이 휘어졌어요.

설상무늬장님노린재
크기 6~9mm
앞날개의 황백색 무늬가 쐐기(설상) 모양이에요.

보리장님노린재
크기 8~10mm
몸이 매우 길쭉한 장님노린재예요.

목도리장님노린재
크기 6~8mm
꽃에 모여서 즙을 빨아 먹어요.

전 세계에서 우리나라에만 사는 고유종이에요.

알락무늬장님노린재
크기 9~12mm
황백색 점무늬가 있어요.

홍색얼룩장님노린재
크기 4~6mm
더듬이와 다리가 붉은색이에요.

살펴보아요!

동글동글 알노린재
노린재는 도형처럼 뾰족뾰족 각이 진 경우가 많지만, 알노린재는 딱정벌레처럼 모양이 둥글어요. 동그란 무당벌레나 잎벌레와 닮았지만 알처럼 생겨 '알노린재'입니다.

동글동글한 알 같아~

희미무늬알노린재   동쪽알노린재   알노린재

> 관련 교과 3-2 과학 〈2. 동물의 생활〉 / 5-2 과학 〈2. 생물과 환경〉

풀밭을 수놓는 다양한 노린재

특별한 모습을 갖고 있는 방귀쟁이가 풀밭에 찾아왔어요.
광택이 예쁜 광대노린재, 톱날 모양의 톱날노린재, 실처럼 가느다란
실노린재, 몸이 매우 길쭉한 긴노린재, 풀밭에 사는 잡초노린재,
땅에서 잘 발견되는 땅노린재까지 모습은 다르지만 풀즙을 빨아 먹고
뿡뿡 방귀를 뀌는 건 똑같아요. 숲이나 들판에서 다양한 모습의
방귀쟁이를 찾아보세요. 어떤 노린재가 가장 예쁜 빛깔을
갖고 있는지도 관찰해 보세요.

도토리노린재
크기 9~10mm
억새나 개밀 등을 먹지만
빛깔은 도토리를 닮았어요.

대성산실노린재
크기 8mm 내외
실처럼 가느다란
몸을 가졌어요.

톱날노린재
크기 12~16mm
배 옆 가장자리가
톱니 모양이에요.

광대노린재
크기 16~20mm
광대의 옷처럼
몸 빛깔이 화려해요.

> 저처럼 빛깔이 다른 광대노린재도 있어요.

참나무노린재
크기 12mm 내외
더듬이와 몸이 모두
길쭉한 녹색 노린재에요.

작은주걱참나무노린재
크기 11~13mm
참나무 숲에 많이 살아요.

십자무늬긴노린재
크기 8~11mm
꽃 위에
잘 모여요.

V자 모양을 이루며 짝짓기해요.

뾰족한 침으로 공격하는 사냥꾼이에요.

더듬이긴노린재
크기 7~10mm
더듬이가 매우 길고
앞다리가 굵어요.

다리무늬침노린재
크기 13~16mm
다리에 줄무늬가
많아요.

삿포로잡초노린재
크기 6.5~8mm
풀밭이나 경작지에
많이 날아다녀요.

장수땅노린재
크기 14~20mm
습기가 있는 흙에서
생활해요. 수로에서도
많이 발견되어요.

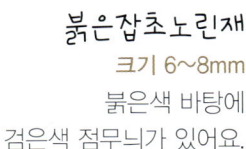

붉은잡초노린재
크기 6~8mm
붉은색 바탕에
검은색 점무늬가 있어요.

땅노린재
크기 7~10mm
땅에서 생활해서
'땅노린재'라고 해요.

살펴보아요!
사냥꾼 노린재의 사냥
침노린재와 쐐기노린재, 주둥이노린재는 사냥꾼이에요. 풀즙을 먹고 방귀 뀌는 보통 노린재와는 달리
작은 곤충을 사냥해서 피를 빨아 먹어요. 잎벌레와 무당벌레 같은 작은 곤충이나 나비류 애벌레를 잘 사냥해요.

다리무늬침노린재가
꼬마남생이무당벌레를
사냥해요.

다리무늬침노린재가
잎벌레를 사냥해요.

빨간긴쐐기노린재가 나비류
애벌레를 사냥해요.

주둥이노린재 애벌레가
풍뎅이를 사냥해요.

관련 교과 2-1 여름 〈2. 초록이의 여름 여행〉 / 3-2 과학 〈2. 동물의 생활〉

나풀나풀 예쁜 나비

나비는 해바라기를 다 마치고 나면 꽃이 핀 들판을 휘저으며 날아다녀요. 눈앞에서 발견한 나비를 한 번 놓치면 어느새 저 멀리 사라져 버려요. 하지만 나비는 항상 다니던 길로만 이동하기 때문에 기다리면 다시 볼 기회가 생긴답니다. 햇볕을 싫어하는 나비는 그늘진 숲에서만 날아다녀서 해가 드는 곳에서는 보기 힘들어요. 꽃을 찾아 날아온 다채로운 빛깔의 나비를 만나 보세요. 나비의 화려한 날개 무늬도 잘 관찰해 보세요.

꼬리명주나비
크기 42~58mm
제비나비나 호랑나비처럼 꼬리돌기가 매우 길어요.

큰줄흰나비
크기 41~55mm
기다란 주둥이로 꿀을 빨아 먹어요.

남방노랑나비
크기 32~47mm
노란색의 작은 나비예요.

작은주홍부전나비
크기 26~34mm
풀밭 사이를 바쁘게 나풀거리며 날아다녀요.

남방부전나비
크기 17~28mm
공원이나 풀밭에서 가장 흔하게 볼 수 있는 나비예요.

날개의 눈알 무늬로 천적들을 놀라게 해요.

부처나비
크기 37~48mm
그늘진 숲에서 많이 볼 수 있어요.

부처사촌나비
크기 38~47mm
저녁 무렵이나 흐린 날에 활발하게 날아다녀요.

굴뚝나비
크기 50~71mm
몸 빛깔이 굴뚝처럼 지저분해요.

말풍선: 햇볕이 강하면 날개를 접어요.

대왕나비
크기 63~75mm
땅에 앉아 있는 모습을 자주 볼 수 있어요.

왕오색나비
크기 71~101mm
오색 빛깔의 날개가 매우 아름다워요.

암끝검은표범나비
크기 64~80mm
날개 끝 부분이 검은색을 띠어요.

거꾸로여덟팔나비
크기 35~46mm
여름형은 봄형과 달리 날개가 검은색 바탕이에요.

말풍선: 꽃 들판을 매우 떠들썩하게 만들어요.

줄꼬마팔랑나비
크기 26~30mm
풀밭 사이를 바쁘게 날아다녀요.

흰줄표범나비
크기 52~63mm
날개 무늬가 표범을 닮았어요.

작은멋쟁이나비
크기 43~59mm
국화나 코스모스에 잘 찾아오는 멋쟁이 나비예요.

왕자팔랑나비
크기 33~38mm
풀밭이나 마을 주변을 날아다녀요.

줄점팔랑나비
크기 33~40mm
나방처럼 머리가 크고 몸이 뚱뚱해요.

55

관련 교과 3-2 과학 〈2. 동물의 생활〉

낮에 만나는 화려한 나방

나풀나풀 나비처럼 화려한 나방이 꽃에 모여들었어요.
나방 하면 보통 칙칙한 빛깔을 떠올리지만 낮에 활동하는 나방은
나비처럼 예뻐요. 이 나방은 나비처럼 꿀을 빨기 위해 꽃을
바쁘게 옮겨 다녀요. 나비처럼 예쁜 나방은 나비와 헷갈리지만
꽃이나 풀잎에 앉아서 쉴 때 날개를 펴고 앉는답니다. 들꽃이나
꽃나무를 찾아와 꿀을 빠는 곤충이 나방인지 나비인지 구별해 보세요.
풀숲 아래의 그늘진 곳에서 쉬고 있는 나방들도 발견해 보세요.

꽃등에처럼 정지 비행을 잘해요.

벌꼬리박각시
크기 50mm 내외
긴 주둥이로 꿀을
빨아 먹어요.

노랑애기나방
크기 31~42mm
꽃에 앉아 있는 모습이 벌 같아요.

작은검은꼬리박각시
크기 42~45mm
낮에 활동하는 주행성
나방으로 벌새처럼
날아다녀요.

포도유리날개알락나방
크기 30mm 내외
몸 전체가 흑청색의
광택이 나요.

두점애기비단나방
크기 11~14mm
2개의 노란색 점이 보이는
애기처럼 작은 나방이에요.

여덟무늬알락나방
크기 19~22mm
노란색 점무늬가 8개 있어요.

어디가 머리인지 헷갈려요.

네줄애기잎말이나방
크기 11~15mm
몸에 4개의
줄무늬가 있어요.

큰자루긴수염나방
크기 18~20mm
더듬이가 긴 수염처럼
매우 길어요.

홍띠애기자나방
크기 22mm 내외
날개에 붉은색 띠가 있어요.

점줄흰애기자나방
크기 39~44mm
날개에 동그란 눈알 무늬가 있어 천적들을 쫓아내요.

아이고 무서워!

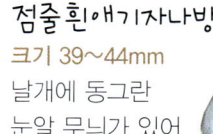

각시얼룩가지나방
크기 32~36mm
날개 무늬가 얼룩덜룩해요.

별박이자나방
크기 32~47mm
흰색 날개에 검은색 점이 밤하늘의 별 같아요.

참나무갈고리나방
크기 27~35mm
날개 끝이 갈고리처럼 휘어져 있어요.

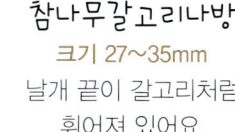

날개물결가지나방
크기 27~36mm
날개에 물결무늬가 많아요.

풀숲에 잘 숨어 있으면 찾기 힘들어요.

쌍복판눈수염나방
크기 46~56mm
날개에 V자 모양의 무늬가 눈처럼 보여요.

애기얼룩나방
크기 40~46mm
활발하게 날아다니며 꽃에 잘 모여요.

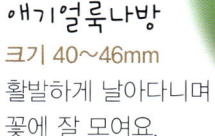

관련 교과 2-1 여름 〈2. 초록이의 여름 여행〉 / 3-2 과학 〈2. 동물의 생활〉 / 5-2 과학 〈2. 생물과 환경〉

꿀을 모으는 벌과 사냥꾼 벌

붕붕 날갯짓 소리를 내며 비행하는 벌은 매우 바쁩니다.
꿀벌과 꽃벌은 꽃가루와 꿀을 모으려고 꽃들을 옮겨 다녀요.
말벌과 쌍살벌 같은 사냥벌은 사냥감 찾기에 매우 바빠요.
기생벌은 알을 낳을 기생 곤충을 찾느라 바쁜 하루를 보내지요.
들판에서 만난 벌이 꿀을 모으는 벌인지 사냥벌인지 구별해 보세요.
벌이 열심히 일할 때 조심스럽게 다가서서 관찰해 보세요.

최근 환경 변화로 개체의 수가 많이 줄었어요.

양봉꿀벌
크기 10~17mm
꽃가루를 암술에 옮겨 주어 식물이 열매 맺게 도와줘요.

수벌 / 암벌

호박벌
크기 12~23mm
호박꽃 속에 파묻혀 있는 모습을 자주 볼 수 있어요.

흡~ 더 가늘게~

단색자루맵시벌
크기 25mm 내외
허리가 끊어질 듯 가늘어요.

어리호박벌
크기 20~23mm
매우 뚱뚱하고 덩치가 큰 벌이에요.

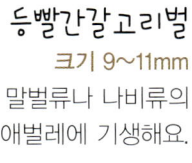

등빨간갈고리벌
크기 9~11mm
말벌류나 나비류의 애벌레에 기생해요.

어리흰줄애꽃벌
크기 9mm 내외
꽃에 잘 날아오는 작은 벌이에요.

말벌
크기 21~29mm
커다란 곤충도 사냥하는 용맹한 사냥벌이에요.

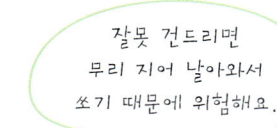

뱀허물쌍살벌
크기 13~18mm
몸의 무늬와 빛깔이 뱀 허물 같아요.

잘못 건드리면 무리 지어 날아와서 쏘기 때문에 위험해요.

참땅벌
크기 18mm 내외
들이나 야산의 땅속에 집을 짓고 무리 지어 살아요.

등검정쌍살벌
크기 19~26mm
나비류 애벌레를 잘 사냥해요.

왕무늬대모벌
크기 13~25mm
배 부분에 노란색 점무늬가 있어요.

별대모벌
크기 10~20mm
곤충을 잘 잡아먹는 거미를 사냥해서 운반해요.

땅속 집에 사냥한 나비류 애벌레를 넣은 뒤 알을 낳아요.

나나니
크기 18~25mm
몸이 매우 가늘고 길어요.

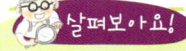

목마른 곤충들

곤충은 물에 매우 약해서 먹이를 먹는 것만큼 꼭 물도 마셔야 해요. 그래서 꿀을 먹는 벌이나 사냥벌이 물을 먹기 위해서 땅에 내려앉는 모습을 자주 볼 수 있어요. 물을 먹을 때는 자세히 관찰해도 위험하지 않으므로 조심조심 살펴보세요.

등검정쌍살벌

양봉꿀벌

큰흰줄표범나비

윙윙 날쌔고 다양한 파리

관련 교과 3-2 과학 〈2. 동물의 생활〉 / 5-2 과학 〈2. 생물과 환경〉

무더운 여름을 좋아하는 비행사 파리는 윙윙거리며 계속 날아다녀요.
꽃을 찾는 파리도 있고 배설물이나 쓰레기에 모여들기도 해요.
때로는 가축이나 사람의 피를 빨아 먹기도 합니다.
잠시 앉았다가 금방 날아가는 다양한 파리의 모습을 관찰해 보세요.
어떤 장소에 어떤 파리가 모여드는지 잘 살펴보세요.

금파리
크기 6~12mm
썩은 고기와 배설물에 모이지만 풀잎에도 잘 앉아요.

왕벌붙이파리
크기 16~20mm
모습이 벌을 닮은 특이한 파리예요.

날개알락파리
크기 10mm 내외
날개의 검은색 무늬가 독특해요.

뚱보기생파리
크기 13mm 내외
몸집은 작지만 엉덩이 부분은 매우 뚱뚱해요.

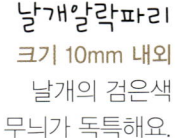

화장실이나 하수도처럼 습한 장소에서 살아요.

나방파리
크기 1.5~2mm
나방처럼 날개를 펴고 앉아요.

노랑털기생파리
크기 15mm 내외
갈색 빛깔이 나는 연노란색 털이 복슬복슬해요.

꽃등에
크기 14~16mm
꽃에 잘 날아오는 뚱뚱한 파리예요.

소등에
크기 17~29mm
소나 말의 피를 빨아 먹어요.

빌로오드재니등에
크기 7~12mm
주둥이가 매우 길쭉해요.

애벌레는 음식물 쓰레기를 먹어 치우는 친환경 청소부예요.

동애등에
크기 15~20mm
쓰레기나 배설물에 잘 모여들어요.

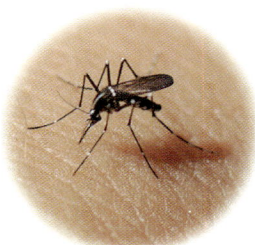
흰줄숲모기
크기 4.5mm 내외
숲에서 가장 흔한 모기예요.

갈로이스등에
크기 19~20mm
눈은 잠자리 눈처럼 매우 커요.

파리매
크기 23~30mm
꼬리 끝에 흰색 털 뭉치가 달렸어요.

검정파리매
크기 22~25mm
들판과 숲에서 활발하게 날아다녀요.

왕파리매
크기 20~28mm
매처럼 날아가는 곤충을 사냥해요.

살펴보아요!
파리매 사냥
파리매는 공중의 제왕 송골매처럼 날아다니는 곤충을 공중에서 낚아채요. 잠자리처럼 큰 눈과 긴 다리로 자기보다 덩치가 큰 곤충도 사냥해요. 사냥감은 다 먹을 때까지 꼭 안고 다녀요.

파리매의 꿀벌 사냥

왕파리매의 풍뎅이 사냥

검정파리매의 등에 사냥

광대파리매의 나방 사냥

관련 교과 2-1 여름 〈2. 초록이의 여름 여행〉 / 3-1 과학 〈3. 동물의 한살이〉 / 3-2 과학 〈2. 동물의 생활〉

꽃과 나무 위의 덩치 큰 딱정벌레

여름에 태어난 딱정벌레는 종류마다 형태와 빛깔, 먹이가 달라요. 꽃가루를 먹고 사는 작은 딱정벌레는 어떤 소리에도 아랑곳 않고 꽃가루 먹습니다. 나무에 모인 덩치 큰 딱정벌레는 나무를 갉아 먹거나 나뭇진을 먹고 살지요. 꽃과 나무에서 만난 딱정벌레의 몸집을 비교해 보세요. 꽃가루와 나뭇진을 먹는 모습도 유심히 관찰해 보세요.

무언가 위험하다고 느끼면 풀숲으로 떨어져요.

꽃벼룩
크기 5~6.5mm
꽃 위에 사뿐히 내려앉아요.

흰점박이꽃바구미
크기 4.8~5.6mm
꽃가루를 열심히 먹고 살아요.

호랑꽃무지
크기 8~13mm
꽃을 부둥켜 안고 꽃가루 먹기 바빠요.

팥바구미
크기 3.5mm 내외
저장 중인 팥에 알을 낳아요.

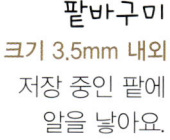

육점박이범하늘소
크기 7~13mm
꽃에 찾아와 꽃가루를 잘 먹어요.

꽃에 묻혀 있어서 '꽃+묻이=꽃무지'가 되었어요.

풀색꽃무지
크기 10~14mm
풀빛 같은 몸 빛깔로 꽃 사이를 오가요.

칠성무당벌레
크기 5~8.5mm
꽃 위에서도 잘 돌아다녀요.

장수풍뎅이
크기 30~83mm
덩치가 크고 멋진 뿔을 가졌어요.

사슴풍뎅이
크기 21~35mm
큰턱이 사슴뿔을 닮았어요.

톱사슴벌레
크기 22~74mm
성격이 매우 급해서 쉽게 화를 내요.

넓적사슴벌레
크기 26~84mm
몸 전체가 넓적하고 편평해요.

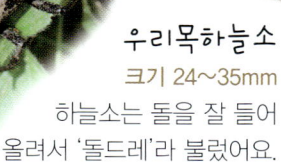

애사슴벌레
크기 17~53mm
크기가 매우 작은 사슴벌레예요.

우리목하늘소
크기 24~35mm
하늘소는 돌을 잘 들어 올려서 '돌드레'라 불렀어요.

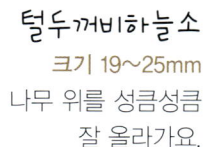

털두꺼비하늘소
크기 19~25mm
나무 위를 성큼성큼 잘 올라가요.

벚나무사향하늘소
크기 25~35mm
더듬이가 몸 길이보다 훨씬 길어요.

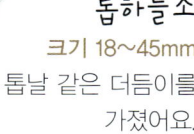

벚꽃 피는 벚나무의 나뭇진에 모여들어요.

톱하늘소
크기 18~45mm
톱날 같은 더듬이를 가졌어요.

관련 교과 2-1 여름 〈2. 초록이의 여름 여행〉 / 3-2 과학 〈2. 동물의 생활〉

소리꾼 매미와 풀즙 먹는 매미류

한여름에 맴맴 매미의 울음소리가 숲 전체에 울려 퍼져요.
수컷 매미는 짝에게 잘 보이려고 우렁찬 목소리로 노래를 불러요.
매미와 덩치가 작은 매미류의 곤충들은 모두 즙을 잘 빨아 먹어요.
매미의 울음소리를 귀 기울여 듣고 어떤 매미일까 생각해 보세요.
거품벌레와 매미충이 얼마나 높이 잘 뛰는지 관찰해 보세요.

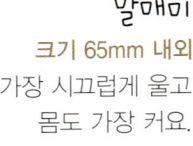

말매미
크기 65mm 내외
가장 시끄럽게 울고
몸도 가장 커요.

'밈밈밈 미' 하고 우는 노랫소리에서
'매미'라는 이름이 지어졌어요.

애매미
크기 43~46mm
화려한 노랫가락으로
다양한 노래를 불러요.

참매미
크기 56~60mm
마을이나 도시에서
가장 흔하게 보여요.

털매미
크기 35~36mm
몸 빛깔이 나무껍질과
매우 닮아서
찾기 힘들어요.

늦털매미
크기 35~38mm
늦은 가을까지
우는 매미예요.

포도나무나
가죽나무 등 다양한
나무의 즙을 빨아
먹어 피해를 줘요.

꽃매미
크기 14~15mm
본래 중국에 살던 곤충이어서
'중국매미'라고도 불러요.

유지매미
크기 55~58mm
불투명한 날개를
가졌어요. 마을보다
숲에 많이 살아요.

끝검은말매미충
크기 11~13.5mm
매미충 중에서 덩치가 커요. 꽁무니 끝 부분이 검은색이에요.

부채날개매미충
크기 9~10mm
펼쳐진 날개가 부채 같아요.

남쪽날개매미충
크기 6~7mm
무언가를 감지하면 톡 튀어요.

봄에 침 뭉치의 집에 살던 거품벌레가 어른이 되었어요.

끝빨간긴날개멸구
크기 6~7mm
긴 날개를 V자 모양으로 펴고 앉아요.

취머리거품벌레
크기 5.5~8.5mm
위험을 느끼면 톡 하고 점프를 잘해요.

흰띠거품벌레
크기 9~12mm
몸에 흰색의 띠가 있어요.

주홍긴날개멸구
크기 4mm 내외
날개가 무척 길어요.

우리귀매미
크기 6.2~8mm
앞가슴등판에 귀처럼 생긴 돌기가 1쌍 있어요.

엉겅퀴수염진딧물
크기 2.5~3.5mm
엉겅퀴에 떼로 모여서 즙을 빨아 먹어요.

65

관련 교과 3-2 과학 〈2. 동물의 생활〉 / 5-2 과학 〈2. 생물과 환경〉

불빛에 모여드는 작은 나방

해가 지고 어둑어둑해지면 야행성 곤충들의 하루가 시작됩니다.
어두워지는 저녁 무렵부터 슬슬 활동하던 나방이 환한
불빛에 모여들었어요. 빛깔과 무늬가 화려한 나방도
어린 시절은 꼬물거리던 애벌레였지요. 열심히 먹고 자란
애벌레는 드디어 날개를 달고 멋진 나방의 모습으로
바뀌었답니다. 불빛에 모인 다양한 나방의 빛깔과 무늬를
관찰해 보세요. 발견한 나방이 어떤 종류인지 생각해 보세요.

애벌레가 나방이 되었어요.

흰줄푸른자나방
크기 40~45mm
연녹색 날개에
흰색 줄이 있어요.

톱날푸른자나방
크기 43mm 내외
뾰족뾰족한 앞날개가
톱날 같아요.

배노랑물결자나방
크기 38~46mm
날개에
물결무늬가
있어요.

큰무늬박이푸른자나방
크기 26~29mm
연녹색 날개에
4개의 점무늬가
뚜렷해요.

구름무늬들명나방
크기 18~23mm
날개 양 끝의
흰색 점무늬가
구름 같아 보여요.

황줄점갈고리나방
크기 25~37mm
날개에 갈색 줄과
점무늬가 있어요.

노랑눈비단명나방
크기 26~33mm
날개에 눈처럼 보이는
노란색 무늬가 1쌍 있어요.

화려한
나방의
무늬는
옷 디자인에
사용되어요.

뷰티풀~
판타스틱~

몸노랑들명나방
크기 25~27mm
몸 빛깔이
노란색이에요.

포도들명나방
크기 23~28mm
앞날개에 흰색
점무늬가 매우 많아요.

노랑쐐기나방
크기 24~35mm
날개 앞부분이 노란색이에요.

뒤흰띠알락나방
크기 55mm 내외
날개에 흰색 띠가 있어요.
낮에도 잘 활동해요.

쌍줄푸른밤나방
크기 32~41mm
연두색 날개에 흰색 줄이 2개 있어요.

꼬마봉인밤나방
크기 29mm 내외
날개에 적갈색 띠무늬와 둥근 점이 1쌍 있어요.

애기담홍뾰족날개나방
크기 28~36mm
날개에 담홍색이 나는 무늬가 있어요.

교차무늬주홍테불나방
크기 24mm 내외
매우 붉은색 날개가 한눈에 들어와요.

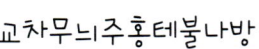

배붉은흰불나방
크기 40mm 내외
배 부분은 붉은색이지만 몸은 흰색이에요.

불빛에 잘 날아온다고 해서 '불나방'이라고 해요.

점박이불나방
크기 42~47mm
날개에 점무늬가 많아요.

줄점불나방
크기 38~44mm
검은색 점무늬가 많이 있어요.

불빛을 향해 돌진하는 큰 나방

덩치 큰 나방이 빙빙 원을 그리며 불빛을 향해 모여들다 부딪쳐요.
산누에나방과 태극나방은 마치 새가 날아오는 것처럼 보여요.
불나방과 밤나방, 박각시도 불빛을 향해 돌진하는데
덩치 큰 나방이 날아오면 깜짝깜짝 놀란답니다.
발견한 나방 날개에 독특한 무늬가 있는지 잘 살펴보세요.
눈알 무늬가 있는 나방도 찾아보세요.

녹색박각시
크기 62~81mm
몸집은 크지만 빛깔은
아름다운 녹색이에요.

등줄박각시
크기 95~110mm
날개에 줄무늬가 많아요.

머루박각시
크기 84~88mm
애벌레가 머루나 포도의
잎을 먹고 살아요.

우단박각시
크기 47~62mm
우단처럼 검은
빛깔을 띠어요.

알락굴벌레나방
크기 40~70mm
알록달록한 날개와
독특한 더듬이를
가졌어요.

누에나방
크기 44~50mm
누에고치에서 명주실을 뽑아
비단을 만들었어요.

꽃술재주나방
크기 75~78mm
배 끝에 꽃술 모양의
털 뭉치가 있어요.

목화바둑명나방
크기 28~30mm
애벌레가 목화나
무궁화 잎을 갉아 먹어요.

불빛에 날아들 때 덩치가 너무 커서 간혹 새로 착각해요.

옥색긴꼬리산누에나방
크기 95~117mm
꼬리가 매우 길어요.

순간적으로 눈알 무늬를 노출시켜서 천적인 새를 물리쳐요.

참나무산누에나방
크기 112~145mm
어른 손바닥만큼 커요.

흰줄노랑뒷날개나방
크기 50mm 내외
뒷날개가 붉은색이에요.

톱니태극나방
크기 54~61mm
날개 무늬가 태극 문양을 닮아서 '태극나방'이에요.

물결매미나방
크기 50~73mm
얼룩덜룩한 날개와 빗살 모양의 더듬이를 가졌어요.

흰줄태극나방
크기 55~63mm
날개에 굵은 흰색 줄이 있어요.

알락흰가지나방
크기 50~55mm
흰색 날개의 검은색 점이 강아지 달마티안 같아요.

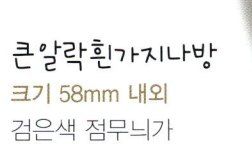

큰알락흰가지나방
크기 58mm 내외
검은색 점무늬가 알락흰가지나방보다 더 커요.

흰무늬왕불나방
크기 75~85mm
흰색 점무늬를 가진 덩치 큰 불나방이에요.

관련 교과 3-2 과학 〈2. 동물의 생활〉 / 5-2 과학 〈2. 생물과 환경〉

밤에 활동하는 곤충

가로등이나 주유소 불빛에는 수많은 야행성 곤충이 모여듭니다. 비행이 서투른 장수풍뎅이와 사슴벌레는 오랜 시간이 지나야 불빛에 도착하지요. 주변 풀숲에서 잠자던 곤충 중에서 빛에 민감한 곤충도 불빛에 모여듭니다. 불빛에 가장 빨리 날아오는 곤충과 늦게 날아오는 곤충을 살펴보세요. 불빛 속에 돌진하는 곤충이 누구인지 찾아보세요.

야행성 하늘소는 불빛에 잘 날아와요.

검정하늘소
크기 12~25mm
원통형의 검은색 하늘소예요.

큰검정풍뎅이
크기 17~22mm
광택이 없는 검은색을 띠고 있어요.

꼬마길앞잡이
크기 8~11mm
불빛에 잘 날아와서 빠르게 기어가요.

톱사슴벌레
크기 22~74mm
비행 능력이 부족해서 불빛과 조금 떨어진 곳에서 볼 수 있어요.

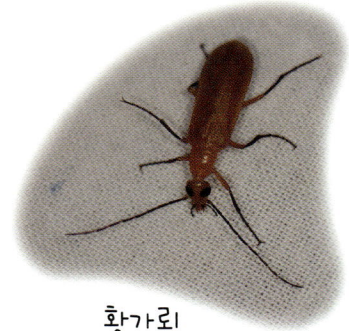

큰수중다리송장벌레
크기 15~28mm
긴 다리로 성큼성큼 기어가요.

털보왕버섯벌레
크기 9~13mm
나무에 생겨난 버섯을 먹고 살아요.

황가뢰
크기 9~22mm
불빛에 잘 날아오는 딱정벌레예요.

좁쌀메뚜기
크기 4~5mm
좁쌀처럼 매우 작은 메뚜기예요.

뱀허물쌍살벌
크기 13~18mm
벌은 불빛 때문에 낮인 줄 착각하고 날아와요.

애매미
크기 43~46mm
푸드득 소리를 내며 불빛에 부딪쳐요.

칠성풀잠자리
크기 14~15mm
연한 초록색의 날개를 가졌어요.

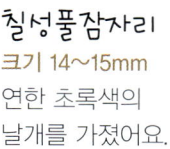

나비잠자리
크기 36~42mm
낮에 활동하는 잠자리도 불빛에 날아와요.

뿔잠자리
크기 30mm 내외
나비 더듬이처럼 더듬이의 끝이 부풀어 있어요.

살펴보아요!
밤하늘을 수놓는 반딧불이
반딧불이는 불빛을 싫어하기 때문에 불빛에 모여들지 않아요. 그렇지만 불빛을 밝히며 어두운 밤하늘을 날아다니지요. 수컷은 밤새도록 암컷을 찾아 불빛을 깜빡거려요.

늦반딧불이
육지에 사는 달팽이를 먹고 자라서 어른이 되지요.

애반딧불이
물속의 다슬기나 우렁이를 먹고 자라 어른이 되지요.

땅강아지
크기 23~34mm
날개가 있어서 불빛에도 날아와요.

관련 교과 2-1 여름 〈2. 초록이의 여름 여행〉 / 3-2 과학 〈2. 동물의 생활〉 / 5-2 과학 〈2. 생물과 환경〉

색다른 곤충과 물에 사는 곤충

무더운 여름에는 특별한 모습을 가진 곤충들의 세상이 펼쳐집니다.
대벌레와 애사마귀붙이, 대륙뱀잠자리처럼 모습이 특이한 곤충도
많이 나타나지요. 물속의 물방개와 물자라, 장구애비는 사냥을
하고, 소금쟁이와 송장헤엄치게는 시체의 피를 빨아 먹습니다.
희한하게 생긴 특별한 모습의 곤충들을 만나 보세요.
시원한 냇가에 어떤 수서곤충이 살고 있는지도 잘 살펴보세요.

진강도래
크기 25~30mm
계곡 근처의 숲이나
냇가에서 잘 날아다녀요.

애벌레 시절에는
잠자리 애벌레처럼
곤충을 잡아먹고
살아요.

대륙뱀잠자리
크기 50mm
풀잠자리류 곤충에서
몸집이 가장 커요.

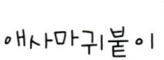

애사마귀붙이
크기 8~14mm
생김새뿐 아니라 앞다리로 사냥하는
모습이 사마귀와 닮았어요.

명주잠자리
크기 36~45mm
애벌레는 함정을 파고
개미를 잡아먹어서
'개미귀신'이라고도
불러요.

금빛하루살이
크기 19mm 정도
강가에 사는
우리나라 고유종이에요.

대벌레
크기 70~100mm
길쭉한 형태가
대나무 가지 같아요.

참밑들이
크기 15mm
꼬리 부분이 위로
들려 올라가 있어서
'밑들이'라고 해요.

물맴이
크기 6~8mm
다리를 회전시켜 모터보트처럼 원을 그리며 빙빙 돌아요.

물방개
크기 35~40mm
수면 위로 올라와서 꽁무니에 공기 방울을 달고 들어가요.

말풍선: 물자라 수컷은 알이 부화될 때까지 업고 다니며 돌봐요.

큰물자라
크기 25mm 내외
수서곤충과 물고기 새끼, 올챙이의 체액을 빨아 먹어요.

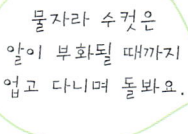

물자라
크기 15~22mm
둥근 타원형의 몸을 가진 작은 물자라예요.

장구애비
크기 30~40mm
굵은 앞다리로 먹잇감을 움켜잡아서 사냥해요. 꼬리를 물 밖에 내놓고 숨 쉬어요.

애물땡땡이
크기 9~11mm
물가 주변의 물풀을 먹고 살아요.

등빨간소금쟁이
크기 10~15mm
발에서 나오는 기름이 물과 섞이지 않아서 물에 빠지지 않아요.

송장헤엄치게
크기 11~14mm
헤엄칠 때는 거꾸로 뒤집어져서 헤엄쳐요.

소금쟁이
크기 11~16mm
죽은 곤충의 체액을 빨며 먹이가 없으면 날아서 다른 곳으로 이동해요.

관련 교과 1-2 가을 〈2. 현규의 추석〉 / 3-2 과학 〈2. 동물의 생활〉

무더위 속의 풀벌레 연주회

더위가 한풀 꺾이면 가을맞이에 분주한 풀벌레들이 일찍 모습을 나타내요.
풀벌레의 울음소리가 들리면 가을이 시작되고 있음을 느끼지요.
메뚜기와 여치, 베짱이는 각기 다른 악기로 음악회를 엽니다.
무더위 속에서 들리는 풀벌레 연주 소리를 귀 기울여 들어 보세요.
폴짝거리며 풀잎 사이를 점프하는 풀벌레도 만나 보세요.

땅이나 돌 위에도 잘 앉아요.

팥중이
크기 28~33mm
몸에 마치 팥가루를 뿌려 놓은 것 같아요.

두꺼비메뚜기
크기 23~26mm
두꺼비 등처럼 몸 전체가 우툴두툴해요.

작지만 거품벌레처럼 점프를 잘해요.

방아깨비
크기 68~86mm
뒷다리를 동시에 잡고 있으면 '방아 찧기'를 해요.

모메뚜기
크기 8~13mm
몸집은 뚱뚱하고 짧아요.
봄부터 볼 수 있어요.

섬서구메뚜기
크기 40~47mm
몸이 길쭉한 마름모꼴이에요.

좁쌀메뚜기
크기 4~5mm
벼룩처럼 높이 튀어 올라요.

여치
크기 30~37mm
더듬이는 실처럼 얇지만
몸집은 뚱뚱해요.

잔날개여치
크기 16~25mm
앞날개가 매우 짧아서
'잔날개여치'예요.

알락방울벌레
크기 7~8mm
돌이나 낙엽 밑에서
작은 소리로 울어요.

소리는 못 내고
기다란 더듬이로
감각을 느껴요.

줄베짱이
크기 35~40mm
등판에 줄무늬가
길게 나 있어요.

먹종다리
크기 4~5mm
작은 귀뚜라미 종류지만
울지는 못해요.

긴날개중베짱이
크기 40~56mm
덩치가 크고 강력한 육식성 풀벌레예요.

꼽등이
크기 13~20mm
등이 꼽추처럼
휘어져 있어요.

 **살펴보아요!**

깨끗하게 청소해요.

풀밭에서 생활하다 보면 몸에 많은 것이 묻는데,
그래서 더듬이와 다리를 깨끗하게 청소하지요.
특히 더듬이는 감각 기관이라서 항상 깨끗해야 해요.

쌕쌔기 애벌레
다리를 청소해요.

검은다리실베짱이
더듬이를 청소해요.

가을과 겨울이 오면

잘 익은 열매를 먹기 위해
곤충들은 매우 바쁘지요.
곧 머지않아 추위가 온다는 소식을
알고 있어서 겨울나기 채비도 해요.
따스한 봄을 기대하며
차가운 겨울을 이겨 내는
다양한 곤충을 만나 볼까요?

애기좀잠자리가 높고 푸른 하늘을 자유롭게 날아다녀요.

곡식이 무르익는 황금 들판에는 우리벼메뚜기가 모여들어요.

가을·겨울

겨울에 곤충들은 어떻게 지낼까?

관련 교과 1-2 가을 〈2. 현규의 추석〉 / 3-2 과학 〈2. 동물의 생활〉 / 5-2 과학 〈2. 생물과 환경〉

가을 곤충과 풀숲의 사마귀

누릇누릇 변해가는 들판을 보면 가을이 성큼 다가왔음을 느껴요. 가을에 활동하는 곤충들은 가을과 비슷한 빛깔을 하고 있습니다. 산길에서 점프하는 메뚜기는 흙 빛깔과 닮아서 발견하기가 어렵지요. 풀숲에는 가을 들판의 빛깔로 위장한 사마귀가 숨어 있답니다. 꼼짝 않고 숨어서 사냥감을 노리는 사마귀를 찾아보세요. 또 발견한 메뚜기가 폴짝 뛰면 쫓아가서 살펴보세요.

두꺼비메뚜기
크기 23~26mm
흙이나 돌 빛깔을 닮아 자신을 보호해요.

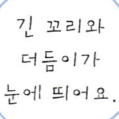
긴 꼬리와 더듬이가 눈에 띄어요.

긴꼬리쌕쌔기
크기 24~31mm
풀숲에 있다가 땅바닥을 기어갈 때도 있어요.

등검은메뚜기
크기 37~42mm
얼룩덜룩한 몸 빛깔 때문에 풀숲에서 찾기 힘들어요.

울음소리를 내다가 인기척이 느껴지면 울음을 뚝 그쳐요.

야산알락귀뚜라미
크기 11~14mm
습기 많은 토양이나 풀숲에서 살아요.

참어리별쌍살벌
크기 15mm 내외
날아다니며 사냥하다가 목마르면 물을 찾으려고 땅에 내려앉아요.

나나니
크기 18~25mm
땅에 구멍을 파서 집을 짓고 땅바닥을 따라 잘 날아다녀요.

왕바다리
크기 25~30mm
하늘에서 날아다니지만 땅에도 잘 내려앉아요.

사마귀
크기 70~90mm
몸은 왕사마귀보다 홀쭉하며 길어요.

왕사마귀
크기 77~95mm
우리나라 사마귀 중에서 덩치가 가장 커요.

좀사마귀
크기 36~55mm
누렇게 변한 나뭇가지처럼 위장하고 있다가 사냥해요.

좀집게벌레
크기 16mm 내외
날개 끝 부분에 노란색 무늬가 귀 모양 같아요.

등노랑풍뎅이
크기 12~18mm
딱지날개가 흙 빛깔과 비슷해서 잘 안 보여요.

고마로브집게벌레
크기 15~22mm
어디든지 잘 기어올라 다녀요.

산바퀴
크기 12~14mm
집 안의 해충 바퀴와 닮았지만 가슴 부분의 줄무늬가 둥글어요.

살펴보아요!

사마귀 알집

사마귀는 종류에 따라 알집의 형태가 조금씩 달라요. 왕사마귀 알집은 뚱뚱한 모양이고, 사마귀 알집은 길쭉해요. 사마귀 알집은 두꺼운 겨울옷처럼 따뜻해서 눈바람이 치는 추운 겨울을 무사히 보낼 수 있어요. 봄이 되면 사마귀 알집에서 200~400마리의 사마귀가 탄생해요.

청띠신선나비
크기 55~64mm
날개를 접으면 날개 아랫면이 흙 빛깔과 매우 비슷해요.

왕사마귀 알집

사마귀 알집

가을 들판의 메뚜기

관련 교과 1-2 가을 〈2. 현규의 추석〉 / 3-2 과학 〈2. 동물의 생활〉 / 5-2 과학 〈2. 생물과 환경〉

들판의 풀숲에 나타난 메뚜기들이 숨바꼭질하고 있어요.
메뚜기는 떨어진 낙엽이나 풀빛과 닮아 구분하기 어려워요.
메뚜기 몸 빛깔은 메뚜기가 있는 곳마다 변하는 건 아니에요.
어른이 될 때 주변 장소의 빛깔이 초록이면 녹색형,
갈색이면 갈색형이 된답니다.
풀숲을 건드려 점프하는 메뚜기를 찾아보세요.
어떤 메뚜기가 숨어 있는지 풀숲을 자세히 살펴보세요.

두꺼비메뚜기
크기 23~26mm
몸 빛깔이 낙엽
빛깔과 닮았어요.

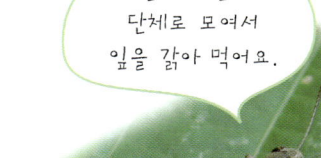

밑들이메뚜기
크기 25~40mm
다 자라도 날개가 생기지
않아서 날 수 없어요.

애벌레 시절에는
단체로 모여서
잎을 갉아 먹어요.

긴날개밑들이메뚜기
크기 29~35mm
앞날개가 매우 길어서
배 끝을 뒤덮어요.

등검은메뚜기
크기 37~42mm
불규칙하고 지저분한
몸 빛깔로 자신을 보호해요.

발톱메뚜기
크기 27~35mm
발톱이 발달해서
풀에 잘 달라붙어요.

콩중이
크기 37~43mm
몸에 갈색과 녹색이
섞여 있어요.

각시메뚜기
크기 46~60mm
눈 바로 아래에
검은색 줄무늬가 있는
큰 메뚜기예요.

우리벼메뚜기
녹색형은 몸이 푸른색이어서 풀숲에 있으면 찾기 힘들어요. 갈색형은 벼과 식물을 먹고 살아요.

팥중이
녹색형은 뜨거운 들판을 활발하게 점프하며 활동해요. 갈색형은 가슴 부분에 흰색의 X자 모양 무늬가 있어요.

섬서구메뚜기
녹색형은 작은 방아깨비처럼 생겼어요. 갈색형은 풀잎에서는 눈에 띄지만 땅에서는 찾기 힘들어요.

방아깨비
녹색형은 길쭉한 다이아몬드 모양 같아요. 갈색형은 가을 들판의 빛깔과 같은 보호색을 가졌어요.

살펴보아요!

새끼를 업고 다니는 게 아니에요. 풀벌레가 짝짓기를 하고 있어요.

메뚜기가 작은 새끼를 업고 다니는 모습을 흔히 볼 수 있어요. 그런데 작은 메뚜기는 새끼가 아니라 '수컷 메뚜기'예요. 수컷은 암컷 위로 올라타고 꼬리 부분을 꼬아서 짝짓기를 하지요.

우리벼메뚜기의 짝짓기 | 섬서구메뚜기의 짝짓기 | 섬서구메뚜기 갈색형과 녹색형의 짝짓기

사랑해요~

관련 교과 1-2 가을 〈2. 현규의 추석〉 / 3-2 과학 〈2. 동물의 생활〉 / 5-2 과학 〈2. 생물과 환경〉

뚱보 여치와 홀쭉이 베짱이

가을이면 귀뚤귀뚤 소리가 풀숲에 울려 퍼져요.
대부분의 풀벌레는 울지만 꼽등이는 울지 못해요.
풀벌레는 주로 식물을 갉아 먹는데 베짱이와 매부리는
작은 곤충까지도 잡아먹어요. 풀숲에서 들리는 울음소리를
듣고 어떤 풀벌레인지 맞추어 보세요. 풀숲에 숨어 있는
몸이 실처럼 가느다란 실베짱이도 찾아보세요.

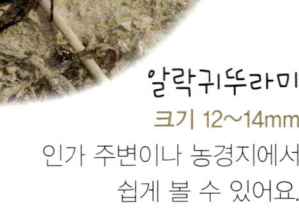

알락귀뚜라미
크기 12~14mm
인가 주변이나 농경지에서
쉽게 볼 수 있어요.

모대가리귀뚜라미
크기 14~18mm
머리가 매우 커요. 겹눈은
양옆으로 크게 튀어나왔어요.

홀쭉귀뚜라미
크기 11~12mm
홀쭉한 귀뚜라미지만
울지 못해요.

먹귀뚜라미
크기 15~21mm
몸 전체가
검은색이에요.

긴꼬리
크기 14~20mm
꼬리 부분이 매우
길쭉해요.

앞날개를
비벼서
소리내요.

왕귀뚜라미
크기 17~24mm
우리나라에서 가장 큰
귀뚜라미예요.

꼽등이
크기 13~20mm
어두운 곳에 숨어 있다가
밤에 활동해요.

알락꼽등이
크기 12~18mm
얼룩덜룩한 반점이 많아요.

검은다리실베짱이
크기 29~36mm
다리와 더듬이가 검은색이고
가느다란 베짱이예요.

실베짱이
크기 29~37mm
풀밭과 빛깔이 비슷해서
눈에 잘 안 띄어요.

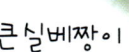

큰실베짱이
크기 34~50mm
진한 그물 모양의
날개를 가졌어요.

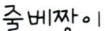

줄베짱이
크기 35~40mm
암컷은 등판에 흰색
줄무늬가 있어요.
간혹 갈색형
줄베짱이도 있어요.

매부리
크기 40~55mm
식물의 씨앗뿐 아니라
곤충까지 잡아먹는
잡식성이에요.

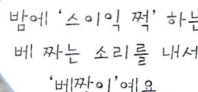

밤에 '스이익 쩍' 하는
베 짜는 소리를 내서
'베짱이'예요.

베짱이
크기 31~40mm
작은 곤충을 잡아먹는
육식성 곤충이에요.

풀줄기에 잘
붙어 있어요.

쌕쌔기
크기 14~20mm
습지나 하천 주변의
풀밭에 흔해요.

긴꼬리쌕쌔기
크기 24~31mm
암컷의 산란관이 몸 길이만큼 길어요.

점박이쌕쌔기
크기 19~27mm
날개에 반점이
흩어져 있어요.

관련 교과 3-2 과학 〈2. 동물의 생활〉 / 5-2 과학 〈2. 생물과 환경〉

가을 들판을 누비는 노린재

수확의 계절인 가을에 열매가 맺히기 시작하면 노린재는 덩달아 신이 납니다. 줄기와 잎뿐 아니라 꼬투리와 열매의 풍부한 영양분까지 빨아 먹을 수 있거든요. 작물에 찾아온 노린재는 먹이가 있는 밭을 떠날 줄 몰라요. 풀이나 열매의 즙을 빨아 먹는 노린재를 찾아보세요. 어떤 작물에 큰 피해를 주는지도 관찰해 보세요.

깜보라노린재
크기 7~10mm
보라색 광택이 매우 예뻐요.

햇볕이 비추는 각도에 따라 몸 빛깔이 달라 보여요.

갈색날개노린재
크기 10~12mm
앞날개가 갈색이에요.

무시바노린재
크기 8~9mm
얼룩덜룩한 무늬가 많아요.

네점박이노린재
크기 12~14mm
앞가슴 앞쪽에 4개의 황백색 점이 있어요.

풀색노린재
크기 12~16mm
머리와 앞가슴이 황색인 풀색노린재도 있어요.

떼허리노린재
크기 8~12mm
암컷이 수컷보다 더 커요.

알락수염노린재
크기 10~14mm
서로 반대 방향을 보고 짝짓기를 해요.

썩덩나무노린재
크기 13~18mm
식물의 줄기와 잎, 꽃에서 자주 볼 수 있어요.

에사키뿔노린재
크기 11~13mm
몸 가운데에 흰색이나 노란색의 하트 무늬가 있어요.

알을 잘 보호하는 모성애가 가득한 곤충이에요.

빨간긴쐐기노린재
크기 10mm 내외
뾰족한 주둥이로 작은 곤충을 사냥해요.

등빨간뿔노린재
크기 14~19mm
등판이 매우 붉어서 이런 이름이 붙었어요.

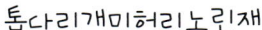

콩 꼬투리가 열리기 시작하면 즙을 빨아 먹어 피해를 줘요.

톱다리개미허리노린재
크기 14~17mm
톱날 같은 뒷다리와 개미 같은 홀쭉한 허리를 가졌어요.

큰딱부리긴노린재
크기 4~6mm
꽃 위에 앉아 있는 모습을 종종 볼 수 있어요.

왕침노린재
크기 20~27mm
침노린재 중에서 덩치가 가장 커요.

표주박긴노린재
크기 8mm 내외
앞가슴 부분이 표주박처럼 잘록해요.

닮은애긴노린재
크기 4~5mm
들판이나 밭의 꽃에 무리 지어 모여요. 크기가 매우 작아요.

참점땅노린재
크기 3~6mm
3개의 흰색 점이 있는 매우 작은 땅노린재예요.

관련 교과 3-2 과학 〈2. 동물의 생활〉

가을에 만나는 다양한 딱정벌레

시들시들한 풀잎에 다양한 딱정벌레가 찾아왔어요.
썰렁해진 바람을 피해 따뜻한 나뭇잎 아래서 쉬기도 하고
남아 있는 풀잎을 먹으려고 모여들기도 해요.
부지런한 먼지벌레와 딱정벌레는 빨리 기어가지요.
황금빛 들판에서 다양한 딱정벌레를 찾아보세요.
봄이나 여름에 봤던 딱정벌레인지 기억해 보세요.

따뜻한 곳에 함께 모여서 겨울나기를 해요.

무당벌레
크기 5~8mm
시들어 가는 나뭇잎 위에서 쉬고 있어요.

네점가슴무당벌레
크기 4~5.1mm
앞가슴등판에 4개의 흰색 점무늬가 있어요.

칠성무당벌레
크기 5~8.5mm
붉은색 옷을 입고 마른 나뭇가지 위에 있어서 잘 보여요.

큰이십팔점박이무당벌레
크기 7~8.5mm
가지나 토마토 등 농작물 잎사귀를 갉아 먹어 피해를 줘요.

밤나무잎벌레
크기 4.8~5.5mm
몸에 검은색 가로띠무늬가 2줄 있어요.

남방잎벌레
크기 4.5~5.8mm
작물의 잎을 잘 갉아 먹어요.

왕벼룩잎벌레
크기 9~13mm
두꺼운 뒷다리로 벼룩처럼 튀는 큰 잎벌레예요.

십이점박이잎벌레
크기 8~10mm
무당벌레처럼 점무늬가 많아요.

구슬무당거저리
크기 10mm 내외
보라색 광택이
보는 각도에 따라
다르게 보여요.

> 돌 밑이나
> 낙엽 밑처럼
> 따뜻한 곳에 숨어서
> 겨울나기를 해요.

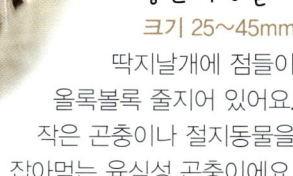

홍단딱정벌레
크기 25~45mm
딱지날개에 점들이
올록볼록 줄지어 있어요.
작은 곤충이나 절지동물을
잡아먹는 육식성 곤충이에요.

검정칠납작먼지벌레
크기 10~13mm
돌 밑이나 낙엽 밑에
잘 숨어 있어요.

참머리먼지벌레
크기 9.5~14.5mm
다른 먼지벌레보다
머리 부분이 커요.

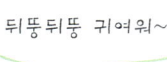

> 뒤뚱뒤뚱 귀여워~

콩풍뎅이
크기 10~13mm
잎사귀 위에
잘 앉아 있어요.

극동버들바구미
크기 7~11mm
나무껍질과 닮아서
찾기 힘들어요.

땅딸보가시털바구미
크기 5~5.6mm
몸집은 작지만 매우 뚱뚱하고 짧아요.

관련 교과 3-2 과학 〈2. 동물의 생활〉 / 5-2 과학 〈2. 생물과 환경〉

쌩쌩 벌과 윙윙 파리

가을꽃이 아름다움을 자랑하면 다양한 벌과 파리가 윙윙거리며 날아들어요. 벌과 파리는 꿀과 꽃가루를 모으기 위해 쉴 새 없이 꽃을 옮겨 다녀요. 꿀을 모으지 않은 사냥벌도 꽃가루를 먹거나 사냥감을 찾는 데에 매우 바쁘지요. 꽃가루를 먹고 있는 곤충이 벌인지 파리인지 구별해 보세요. 벌과 파리가 날아가는 모습이 어떻게 다른지 살펴보세요.

호박꽃 속에서 뒹군 후 다리로 긁어서 꽃가루를 모아요.

양봉꿀벌
크기 10~17mm
꽃가루와 꿀을 모으려고 바쁘게 꽃을 찾아다녀요.

수염줄벌
크기 12~14mm
애벌레를 위해서 꿀과 꽃가루를 모아요.

루리알락꽃벌
크기 15mm 내외
파란색 줄무늬를 갖고 있어요.

대모벌
크기 22~25mm
독침으로 거미를 찔러 마비시킨 후 사냥하는 벌이에요.

풍뎅이류 애벌레에 기생하는 벌이에요.

배벌
크기 19~33mm
다른 벌보다 배 부분이 매우 길어요.

호리병벌
크기 25~30mm
배가 호리병 모양이고, 집도 호리병 모양이에요.

점호리병벌
크기 10~13mm
배 부분에 노란색 점이 있어요.

줄무늬감탕벌
크기 18mm 내외
노란색 줄무늬가 2개 있어요.
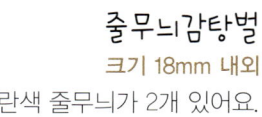

88 가을·겨울

점박이꽃검정파리
크기 5~7mm
들판의 꽃에 주둥이 꽂는 걸 반복해요.

노랑털기생파리
크기 15mm 내외
몸이 매우 뚱뚱하고 몸집이 큰 기생파리예요.

중국뚱보별기생파리
크기 8~12mm
꽃에 모여서 꿀을 빨아 먹어요.

꽃등에
크기 14~16mm
들판이나 야산의 꽃에 잘 날아와요.

줄어드는 꿀벌을 대신하려고 연구하는 곤충이에요.

왕꽃등에
크기 12~16mm
국화과 식물의 꽃에 잘 날아와요.

배짧은꽃등에
크기 10~13mm
꽃가루를 잘 옮겨 주는 꽃가루받이 곤충이에요.

눈루리꽃등에
크기 11~12mm
꽃을 찾아서 꽃가루를 먹어요.

수중다리꽃등에
크기 12~14mm
초봄부터 늦가을까지 자주 볼 수 있어요.

장수말벌집대모꽃등에
크기 15~16mm
말벌과 땅벌의 둥지에서 발견돼요.

관련 교과 3-1 과학 〈3. 동물의 한살이〉 / 3-2 과학 〈2. 동물의 생활〉 / 5-2 과학 〈2. 생물과 환경〉

가을 들판의 꽃에 모이는 나비

꽃을 찾아 날아온 나비는 꽃보다 더 아름답지요. 사뿐히 꽃에
내려앉은 나비는 동그랗게 말고 있던 주둥이를 곧게 펴요.
꿀을 다 빨고 나면 옆에 있는 다른 꽃으로 날아가 또 꿀을 빨지요.
어떤 꽃에 어떤 종류의 나비가 모이는지 잘 살펴보세요.
꿀을 빠는 데에 집중하는 나비 곁에 가서 자세히 관찰해 보세요.

남방부전나비
크기 17~28mm
풀밭을 사뿐사뿐 날아다녀요.

큰주홍부전나비
크기 26~41mm
들판이나 경작지 근처를
빠르게 날아다녀요.

암먹부전나비
크기 17~28mm
암컷은 날개가
먹 빛깔이에요.

작은주홍부전나비
크기 26~34mm
주홍색 날개가
매우 예뻐요.

옛날 보다 숫자가
많이 줄었어요.

배추흰나비
크기 39~52mm
마을 주변에서 많이 보여요.
애벌레는 배추벌레예요.

제비나비
크기 85~120mm
새까만 빛깔과 모습이
제비를 닮았어요.

줄점팔랑나비
크기 33~40mm
가을 들판을 어지럽게
팔랑거리며 날아다녀요.

애벌레는 들판에 가장 흔한 환삼덩굴을 먹고 살아요.

동물 중 표범 무늬를 닮았어요.

네발나비
크기 41~55mm
떨어진 낙엽 같은 빛깔로 위장해요.

암끝검은표범나비
크기 64~80mm
암컷은 날개 끝 부분이 검은색이에요.

가을에 깨워 주세요! 엄마~

흰줄표범나비
크기 52~63mm
더울 때는 여름잠을 자고 가을에 나와요.

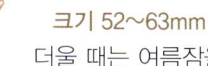

굴뚝나비
크기 50~71mm
꽃밭을 활발하게 날아다녀요.

황오색나비
크기 55~76mm
땅바닥에도 잘 앉아요.

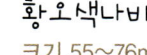

살펴보아요!

우리나라에 벌새가 살까요?

간혹 어떤 사람들은 산에서 벌새를 봤다고 말해요. 그러나 우리나라에는 벌새가 살지 않아요. 벌새처럼 꽃을 찾아다니며 긴 주둥이로 꿀을 빨아 먹는 것은 '꼬리박각시'예요. 훌륭한 비행 솜씨를 발휘하는 꼬리박각시는 낮에 활동하는 나방이지요.

작은멋쟁이나비
크기 43~59mm
날개 빛깔이 매우 아름다워요.

작은검은꼬리박각시가 주둥이로 꿀을 빨아요.

큰멋쟁이나비
크기 47~65mm
어른벌레로 겨울나기를 해요.

관련 교과 1-2 가을 〈2. 현규의 추석〉 / 2-1 여름 〈2. 초록이의 여름 여행〉 / 3-1 과학 〈3. 동물의 한살이〉 / 3-2 과학 〈2. 동물의 생활〉

창공을 누비는 비행사 잠자리

파란 하늘 위에 잠자리가 유유히 날개를 펴고 날아가요. 가을이 되자 창공을 날아다니는 잠자리의 숫자가 많아졌어요. 물잠자리와 실잠자리는 소리 없이 물가 주변을 날아갑니다. 하늘 높이 날던 비행사들은 나뭇가지 끝에 앉아 쉬기도 하지요. 나뭇가지나 풀잎에 내려앉은 잠자리를 관찰해 보세요. 짝짓기할 때가 되어 몸이 붉게 변한 수컷 잠자리의 모습도 눈여겨 보세요.

참실잠자리
크기 30~34mm
파란색 빛깔의 띠무늬가 많아요.

성숙하면 몸이 연두색으로 변해요.

아시아실잠자리
크기 24~30mm
어른이 되지 못하면 붉은색을 띠어요.

묵은실잠자리
크기 34~38mm
가을 풀밭과 빛깔이 비슷해요.

등검은실잠자리
크기 28~32mm
수생 식물이 자라는 습지와 하천, 연못에서 살아요.

노란실잠자리
크기 38~42mm
몸 빛깔이 노란색인 날씬한 잠자리예요.

살펴보아요!

잠자리 돌 들기 놀이

잠자리는 기다란 다리로 먹이를 사냥하지만 나뭇가지와 나뭇잎도 잘 붙잡아요. 다리 힘이 강해서 다리 가까이에 돌을 가져다 대면 잘 움켜잡고 들어 올려요. 나무를 잘 기어오르는 하늘소도 돌을 잘 들어 올린답니다.

고추좀잠자리의 돌 들기

된장잠자리의 돌 들기

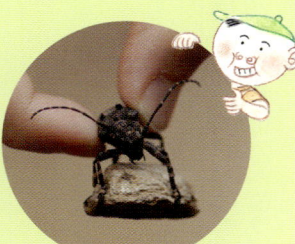
털두꺼비하늘소의 돌 들기

검은물잠자리
크기 60~62mm
하천이나 물가에서 포르르 날아다녀요.

고추좀잠자리
크기 38~44mm
우리나라 잠자리 중에서 가장 많아요.

수컷은 짝짓기를 할 때가 되면 붉은색을 띠어요.

날개띠좀잠자리
크기 32~38mm
날개에 띠무늬가 있어요.

애기좀잠자리
크기 32~36mm
좀잠자리류 중에서도 작은 편이에요.

된장잠자리
크기 37~42mm
몸 빛깔이 된장 색깔이에요. 열대 지방에서 우리나라까지 날아와요.

깃동잠자리
크기 42~48mm
수생 식물이 많은 습지에서 흔히 볼 수 있어요.

노란허리잠자리
크기 40~46mm
허리 부분에 흰색 띠가 있어요.

배치레잠자리
크기 34~38mm
꼬리가 매우 짧고 습지와 웅덩이에서 살아요.

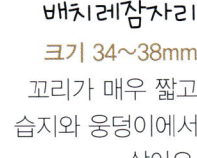

큰밀잠자리
크기 51~53mm
청회색을 띠며 밀잠자리 중에서 가장 커요.

밀잠자리
크기 48~54mm
노란색의 수컷은 짝짓기할 때면 청회색으로 변해요.

관련 교과 2-2 겨울 〈2. 겨울 탐정대의 친구 찾기〉 / 3-2 과학 〈2. 동물의 생활〉

곤충의 겨울나기

펄펄 눈이 내리고 매서운 바람이 부는 겨울이면 곤충들은 부지런히 겨울맞이를 합니다. 추운 겨울을 따뜻하게 보내기 위해서 곤충들은 다양한 지혜를 발휘하지요. 털옷처럼 따뜻한 알집이나 고치를 만들기도 하고, 돌이나 나무속처럼 따뜻한 장소에 보금자리를 마련하기도 해요. 곤충들이 알과 애벌레, 번데기, 어른벌레 중 어떤 단계로 겨울나기를 하는지 관찰해 보세요. 어떤 곳에 어떻게 꼭꼭 숨어 있는지 찾아보세요.

좀사마귀 알집
돌처럼 흔들리지 않는 안전한 곳에 기다란 알집을 붙여요.

왕사마귀 알집
왕사마귀 알은 알집 속에서 따뜻하게 겨울을 보내요.

사슴벌레 애벌레
참나무 속에서 나무를 갉아 먹으며 추운 겨울을 지내요.

노랑쐐기나방
단단한 알집을 나뭇가지에 붙여요.

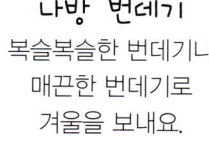

나방 번데기
복슬복슬한 번데기나 매끈한 번데기로 겨울을 보내요.

도롱이벌레
바람이 불지 않는 따뜻한 곳에 매달려 겨울나기를 해요.

홍날개 애벌레
납작한 애벌레로 꽁무니에 뿔이 있어요.

어른이 되어 나무를 뚫고 나오면 나무에 구멍이 뽕뽕 뚫려요.

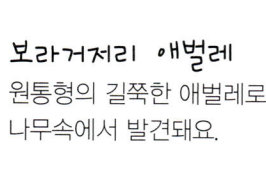

보라거저리 애벌레
원통형의 길쭉한 애벌레로 나무속에서 발견돼요.

하늘소 애벌레
나무속을 둥글게 파먹으며 무럭무럭 자라요.

보라거저리
겨울이 거의 끝나가고 햇볕이 따스하게 내리쬐면 어른이 돼요.

우묵거저리
나무속에서 어른벌레로 겨울을 보내요.

진홍색방아벌레
추운 겨울을 나무속에서 따뜻하게 지내요.

털보왕버섯벌레
참나무류의 나무속에 함께 모여 추위를 이겨내요.

고마로브집게벌레
돌이나 낙엽 밑의 따뜻한 곳에 모여서 겨울을 보내요.

창고나 지하실 등 사람이 사는 주변에 모여 겨울을 나기도 해요.

썩덩나무노린재
세찬 바람을 이겨내는 나무의 틈 사이에서 겨울나기를 해요.

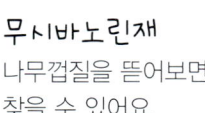
무시바노린재
나무껍질을 뜯어보면 찾을 수 있어요.

흰개미
날씨가 추워지면 나무를 잘 먹지 못하지만 함께 모여 살아요.

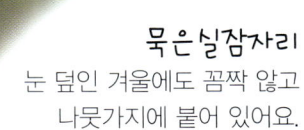
묵은실잠자리
눈 덮인 겨울에도 꼼짝 않고 나뭇가지에 붙어 있어요.

관련 교과 2-2 겨울 〈2. 겨울 탐정대의 친구 찾기〉 / 3-2 과학 〈2. 동물의 생활〉

겨울잠 자는 곤충 찾기

쿨쿨 겨울잠에 깊이 빠진 곤충들은 따뜻한 곳에 꼼짝 않고 숨어 있어요.
봄과 여름, 가을은 곤충들이 잘 움직이기 때문에 눈에 잘 띄지요.
하지만 겨울 숲은 무언가가 움직인다는 걸 알아채기 힘들답니다. 눈을 동그랗게 뜨고
잘 살펴야 겨우 곤충들의 모습을 찾을 수 있어요. 곤충들이 어떤 곳에서 겨울잠을 자고
있을지 생각해 보세요. 다양한 방법을 이용해서 겨울나기하는 곤충들을 찾아보세요.

나뭇가지로 낙엽 더미를 헤집으면 곤충들을 찾을 수 있어요.

낙엽 밑
추위를 이겨내기 좋은 낙엽 밑에는 곤충들이 바글거려요.

나뭇가지
바람을 막아주는 풀숲의 나뭇가지에는 곤충들의 알집이나 번데기가 많아요.

나무껍질 틈새
추위를 피하기 위해 곤충들은 나무껍질 틈새에 숨어 있어요.

길가의 풀숲
길가의 풀숲 속에서 곤충들을 찾을 수 있어요.

땅에 반쯤 묻힌 돌을 들추면 곤충들을 많이 찾을 수 있어요.

돌 밑
바람과 추위를 확실히 막아주는 돌 밑은 곤충들의 훌륭한 겨울나기 장소예요.

돌 틈
매서운 바람을 막아주는 큰 바위 틈새에도 곤충들은 숨어 있어요.

죽은 나무
나무를 베어내서 그루터기만 남은 곳을 살펴보세요.

썩은 나무속
축축하고 썩은 나무속은 곤충들의 겨울나기 장소로 그만이에요.

팻말 뒤
추위를 피할 수 있는 팻말 뒤에도 곤충들이 숨어 있어요.

햇볕이 내리쬐는 길가
늦겨울 겨울나기를 마친 곤충들이 햇볕을 쬐기 위해 길가로 나와요.

웅덩이
웅덩이 같은 물속에서 곤충들은 겨울잠을 자지 않고 활동해요.

개울가
찬 시냇가의 수서곤충은 겨울 동안 열심히 자라서 초봄에 어른이 돼요.

먹은 흔적
나무를 갉아 먹은 흔적을 따라가 보면 숨어 있는 곤충들을 발견할 수 있어요.

삽질과 도끼질
쓰러진 나무를 삽이나 도끼로 잘라 보면 곤충들을 만날 수 있어요.

> 도끼나 모종삽, 드라이버 등을 이용할 때는 다치지 않게 주의해야 해요.

살펴보아요!

동충하초
겨울엔 곤충이었지만 봄이 되면 풀처럼 균류가 자라는 것을 '동충하초'라고 해요. 다양한 곤충의 몸속에 들어간 균류가 곤충을 죽이고 자라나요. 동충하초는 건강식품이나 약재로 많이 활용되지요.

말벌 동충하초

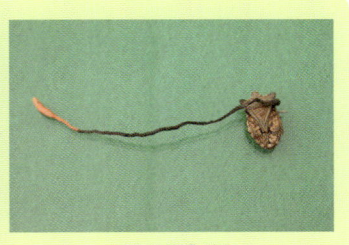

노린재 동충하초

변신의 천재 곤충은

알-애벌레-번데기-어른벌레로
모습을 바꾸면서 자라지요.
곤충은 지구촌에서 종류와 숫자가
가장 많기 때문에 곤충을 노리는
천적도 매우 많아요.
다양한 서식처에서 살아남기 위해
애쓰는 곤충들을 만나 볼까요?

작은주홍부전나비의 꼬리는 머리처럼 보여서 꼬리만 공격당하고 살아남을 수 있어요.

참매미는 알로 태어나 애벌레를 거쳐 어른이 되는 매우 힘든 변화를 겪어요.

부록

곤충을 즐겁게 탐구해 보자!

관련 교과 3-1 과학 <3. 동물의 한살이> / 3-2 과학 <2. 동물의 생활>

애벌레가 어른이 되면(완전탈바꿈)

애벌레는 달팽이처럼 느릿느릿 기어가지만 결코 멈추지 않아요. 먹이를 향해 부지런히 기어가서 하루 종일 풀잎을 갉아 먹거나 사냥을 해요. 먹고 또 먹으면서 애벌레는 허물을 벗고 몸집이 더욱 더 커져 가요. 어느새 번데기가 된 애벌레는 전혀 다른 모습의 어른으로 변했어요. 애벌레가 어떤 어른이 될지 상상해 보세요. 다양한 애벌레의 모습과 빛깔을 꼼꼼히 관찰해 보세요.

장수풍뎅이
크기 80mm 내외
C자 모양으로 구부러진 굼벵이형 애벌레예요.

넓적사슴벌레
크기 70mm 내외
썩은 나무를 갉아 먹고 살아요.

큰넓적송장벌레
크기 25mm 내외
동물의 시체를 뜯어 먹고 살아요.

홍단딱정벌레
크기 30mm 내외
지렁이와 달팽이 같은 부드러운 동물을 잡아먹어요.

좀남색잎벌레
크기 9mm 내외
소리쟁이 잎에 모여서 함께 갉아 먹어요.

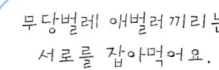

무당벌레 애벌레 끼리는 서로를 잡아먹어요.

무당벌레
크기 8~10mm
진딧물을 잡아먹고 살아요.

검정날개잎벌
크기 15mm 내외
녹회색 몸에 숨구멍을 따라 검은색 점이 줄지어 있어요.

남생이무당벌레
크기 10~15mm
주로 덩치가 큰 잎벌레류 애벌레를 잡아먹어요.

칠성무당벌레
크기 8~10mm
함께 모여서 진딧물을 잡아먹어요.

호랑나비
크기 36~45mm
머리에 눈알 무늬가 있고 건드리면 뿔이 나와 냄새를 풍겨요.

네발나비
크기 30~40mm
온몸에 가시가 돋아 있어요.

누에
크기 50~60mm
뽕나무 잎을 먹고 자라면 실을 뿜어요.

누에가 만든 고치에서 뽑은 실이 '명주실'이에요.

점박이불나방
크기 35mm 내외
몸에 점이 다닥다닥 박혀 있어요.

황다리독나방
크기 30~40mm
털이 복슬복슬해요.

극동쐐기나방
크기 25mm 내외
타원형 몸 가운데에 흰색 줄이 선명해요.

꽃술재주나방
크기 60mm 내외
주황색 몸에 가시가 뾰족뾰족 나 있어요.

박각시 애벌레는 배 끝 부분의 뾰족한 가시가 특징이에요.

솔박각시
크기 50mm 내외
먹이 식물인 소나무의 빛깔과 닮았어요.

왕물결나방
크기 100mm 내외
풀줄기를 잘 껴안고 있어요.

관련 교과 3-1 과학 〈3. 동물의 한살이〉 / 3-2 과학 〈2. 동물의 생활〉

어른벌레와 닮은 애벌레(불완전탈바꿈)

애벌레 중에는 어른벌레와 닮은꼴인 애벌레도 많아요.
그래서 애벌레만 봐도 어른벌레의 모습이 쉽게 떠오르지요.
애벌레는 어릴 때부터 어른벌레가 먹는 먹이를 똑같이 먹고 자라요.
허물을 벗고 몸집이 커지면 조금씩 어른벌레와 비슷하게 변해요.
발견한 곤충이 어른벌레인지 애벌레인지 구별해 보세요.
작은 애벌레가 어른이 되면 어떤 모습이 될까 상상해 보세요.

썩덩나무노린재
크기 12mm 내외
가슴 부분에 가시가
삐쭉 나왔어요.

풀색노린재
크기 10mm 내외
배 부분이 알록달록한
예쁜 빛깔이에요.

깜보라노린재
크기 7mm 내외
배 부분에 붉은색
광택이 멋져요.

십자무늬긴노린재
크기 6~8mm
함께 모여서 생활해요.

광대노린재
크기 13mm 내외
둥그런 모습에
흰색 줄이
특징이에요.

형태만 봐도
어른 광대노린재의 모습이
그려져요.

가시노린재
크기 8mm 내외
몸은 동그란 형태로
울퉁불퉁해요.

우리가시허리노린재
크기 8mm 내외
몸 전체에 가시가
뾰족뾰족해요.

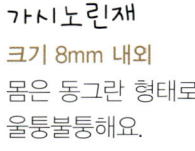

북쪽비단노린재
크기 5mm 내외
노란색 무늬가
알록달록해요.

톱다리개미허리노린재
크기 11mm 내외
허리가 매우 호리호리해요.

어릴 때부터
허리는 매우
가늘어요.

다리무늬침노린재
크기 10mm 내외
어릴 때부터 작은 곤충을 사냥하며 실력을 키워요.

작은 사마귀는 거미나 육식성 곤충에게 잡아먹힐 때가 많아요.

꽃매미
크기 14~15mm
매우 빠르게 기어가거나 점프해요.

산바퀴
크기 10mm 내외
낙엽 속으로 재빨리 숨으며 썩은 물질을 먹고 살아요.

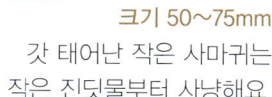

사마귀
크기 50~75mm
갓 태어난 작은 사마귀는 작은 진딧물부터 사냥해요.

고마로브집게벌레
크기 12~15mm
애벌레는 몸이 검은색을 띠어요.

긴꼬리쌕쌔기
크기 15~20mm
몸집은 작지만 더듬이가 매우 길어요.

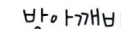

검은다리실베짱이
크기 10~15mm
몸은 매우 작지만 다리와 더듬이는 어른처럼 길어요.

왕귀뚜라미
크기 12~15mm
그늘진 곳에서 생활하며 몸 가운데에 흰색 띠가 있어요.

방아깨비
크기 20~50mm
날개가 없어서 못 날아요. 어른이 되면 날개가 생겨서 날 수 있어요.

살펴보아요!
곤충의 허물벗기와 날개돋이

불완전탈바꿈하는 곤충은 번데기 과정 없이 허물만 벗는 '허물벗기(탈피)'를 하면서 어른이 되어요. 허물벗기를 하면서 애벌레는 점점 몸집이 커지고, 마지막 허물벗기를 하면 날개를 달고 어른이 되는데 이를 '날개돋이(우화)' 라고 해요.

〈허물〉

매미　쇠측범잠자리　강도래　노린재　메뚜기

〈날개돋이〉

참매미　쇠측범잠자리　주홍박각시나방

관련 교과 3-1 과학 〈3. 동물의 한살이〉 / 3-2 과학 〈2. 동물의 생활〉

곤충의 한살이

곤충들은 보통 알과 애벌레, 어른벌레로 모습을 바꾸면서 성장합니다. 딱정벌레나 나비처럼 번데기 과정을 거치는 '완전탈바꿈 곤충'이 있고, 사마귀나 노린재, 메뚜기, 매미처럼 번데기 과정이 없는 '불완전탈바꿈 곤충'이 있지요. 알에서 깨어난 애벌레는 열심히 먹고 자라서 어른벌레가 된답니다. 애벌레가 자라면 어떤 곤충이 될지 생각해 보세요. 알에서 시작된 곤충이 어른까지 변화되는 과정을 관찰해 보세요.

완전탈바꿈 과정

알 ➡ 부화 ➡ 애벌레(유충) ➡ 허물벗기(탈피) ➡ 번데기(용화) ➡ 날개돋이(우화) ➡ 어른벌레(성충)

1 장수풍뎅이 알
처음에 태어난 알은 길쭉하지만 부화될 때쯤 동그랗게 변해요.

2 애벌레
구부러진 모습의 애벌레는 나무톱밥을 먹으면서 자라요.

3 전용애벌레 번데기 방
다 자란 애벌레는 스스로 번데기 방을 만들어요.

4 번데기
애벌레는 번데기 방에서 전혀 다른 모습으로 변해요.

5 날개돋이
갓 태어난 장수풍뎅이의 딱지날개는 우유 빛깔이지만 점차 검게 변해요.

6 어른벌레(성충)
어른이 된 장수풍뎅이는 적응을 마치면 땅 위로 올라와서 활동해요.

불완전탈바꿈 과정

알 – 부화 – 애벌레(유충) – 허물벗기(탈피) – 번데기(용화) – 어른벌레(성충)

왕사마귀

1 왕사마귀 알집
사마귀 알은 따뜻한 알집 속에서 겨울나기를 해요.

2 애벌레
어른벌레를 닮은 애벌레가 작은 곤충부터 잡아먹으며 사냥 실력을 키워요.

3 어른벌레(성충)
허물벗기를 통해 몸집이 커지면서 날개 달린 어른 사마귀로 변해요.

꽃매미

1 꽃매미 알
나무에 알집을 붙여요.

2 애벌레
검은 빛깔의 애벌레는 허물벗기를 하면 붉은 빛깔로 변해요.

3 어른벌레(성충)
마지막 허물을 벗으면 날개 달린 꽃매미로 변해요.

관련 교과   1-1 봄 〈2. 도란도란 봄 동산〉 / 3-2 과학 〈2. 동물의 생활〉

곤충의 다양한 집과 삶터

곤충도 자식을 끔찍하게 생각해서 집을 만들어 주는 경우가 많아요.
어미 곤충은 사랑을 듬뿍 담아 포근하고 편안한 집을 만들려고 애쓰지요.
곤충은 가장 좋은 서식처를 선택해서 자신만의 세상을 꿈꿉니다.
그렇지만 서식처가 오염되거나 망가지면 이사를 해야 하거나 죽고 말아요.
곤충의 집을 발견하면 어떤 곤충이 만들었을지 생각해 보세요.
다양한 서식처에 어떤 곤충이 살고 있는지 관찰해 보세요.

거위벌레 요람
나뭇잎을 둘둘 말아서
그 속에 알을 낳아요.

도롱이벌레 집(주머니나방 애벌레)
비 올 때 쓰는 도롱이처럼 생긴
집을 짓고 살아요.

어서 비를 피하자~

쌍살벌 집
동그란 구멍이 여러 개
뚫린 집을 짓고 살아요.

호리병벌 집
진흙으로 반죽해서
집을 만들어요.

사마귀 알집
단단한 알집을 만들어서
겨울을 따뜻하게 보내요.

흰개미 집
축축한 나무에 함께 모여
우글거리며 살아요.

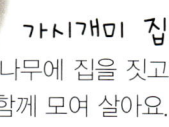

가시개미 집
나무에 집을 짓고
함께 모여 살아요.

숲 속
숲 속의 다양한 식물과 함께 살아요.

산길
산길을 기어가거나 내려앉아 쉬어요.

풀밭
풀밭은 풀잎을 먹고 사는 곤충들의 천국이에요.

논밭
사람이 기르는 작물을 먹고 사는 곤충들이 많아요.

저수지   **연못**   **습지생태공원**
저수지와 연못, 습지생태공원과 웅덩이 등 고여 있는 물에 수서곤충이 살아요.

공원과 인가
공원에 핀 꽃과 사람이 사는 주변에도 살아요.

시냇가   **강**   **하천**   **바다**
시냇가와 강, 하천과 바다 등 흐르는 물에는 수서곤충이 많이 살아요.

살펴보아요!

나무가 올록볼록해지는 벌레혹

곤충이 식물에 침입하면 식물도 스스로를 보호하려고 해요. 그러면 식물의 일부분이 부풀어서 혹 모양으로 변하는데 이를 '벌레혹(충영)'이라고 해요.

참나무잎혹벌 벌레혹   밤나무혹벌 벌레혹   사사키잎혹진딧물 벌레혹   극동쑥혹파리 벌레혹

관련 교과 3-2 과학 〈2. 동물의 생활〉

수컷 곤충과 암컷 곤충 비교하기

곤충들은 보통 수컷과 암컷의 형태와 빛깔이 비슷해서 구별하기 힘들어요. 대부분은 수컷보다 암컷이 덩치가 크지만 그렇지 않기도 해요. 수컷은 암컷의 사랑을 얻기 위해 뿔이 발달하거나 집게가 더 발달했고, 암컷을 찾기 위해서 활발하게 날아다녀요. 알을 낳아야 하는 암컷은 수컷에 비해 배 부분이 더 불룩해요. 짝짓기하는 곤충을 발견하면 암컷과 수컷을 구별해 보세요.

완전탈바꿈 곤충

수컷   암컷

장수풍뎅이
수컷은 커다란 뿔이 달렸어요.
암컷은 수컷처럼 뚱뚱하지 만
뿔이 없어요.

사슴풍뎅이
수컷의 뿔은 멋진 사슴뿔을
닮았어요. 암컷의 흑갈색 몸에는
멋진 뿔이 없어요.

긴알락꽃하늘소
수컷과 암컷의 모습은 닮았지만
수컷의 다리가 검은색이에요.
암컷의 다리는 갈색이고
몸은 더 통통해요.

암끝검은표범나비
수컷의 날개는 표범 무늬를
가졌어요. 암컷의 날개 끝 부분이
검은색을 띠어요.

불완전탈바꿈 곤충

수컷   암컷

방아깨비
수컷의 몸은 작고 호리호리해요.
암컷은 수컷에 비해서 덩치가
매우 커요.

섬서구메뚜기
수컷은 매우 가느다랗고 작아요.
암컷은 수컷보다 통통하고
훨씬 커요.

아시아실잠자리
수컷의 몸 빛깔은 녹색이에요.
암컷은 완전한 어른이 되지
못하면 붉은색을 띠어요.

고추좀잠자리
수컷은 어른이 되면 꼬리가
붉은색으로 변해요.
암컷의 몸은 전체적으로
황갈색이에요.

고마로브집게벌레
수컷이 방어용으로 사용하는
꼬리의 집게가 매우 길어요.
암컷 꼬리의 집게는 수컷의
절반밖에 안 돼요.

관련 교과 3-2 과학 〈2. 동물의 생활〉

모습이 닮은 곤충 구별하기

곤충은 세상에서 가장 종류가 많은 생물입니다. 그래서 비슷비슷한 곤충들도 매우 많지요. 그래도 몇 가지 중요한 형태만 잘 관찰하면 쉽게 구분할 수 있답니다. 같은 그룹에 속하는 곤충들은 공통된 특징을 갖고 있으니까요. 모습이 너무 닮아서 아리송한 곤충들을 잘 관찰해 보세요. 곤충마다 어떤 특징을 갖고 있는지 꼼꼼히 살펴보세요.

곤충
- 다리가 3쌍이다.
- 보통 2쌍의 날개가 있다.
- 겹눈과 홑눈이 있다.
- 머리+가슴+배 3부분이다.
- 더듬이가 있다.

거미
- 다리가 4쌍이다.
- 날개가 없다.
- 홑눈만 있다.
- 머리가슴+배 2부분이다.
- 더듬이다리가 있다.

딱정벌레
- 몸이 둥글다.
- 주로 딱지날개가 몸 전체를 덮는다.

노린재
- 몸이 각이 져 있다.
- 주로 딱지날개가 몸 전체를 덮지 못한다.

잎벌레
- 몸이 타원형이다.
- 더듬이가 실 모양으로 길다.
- 다리가 몸 밖으로 길게 나온다.

무당벌레
- 몸이 원형이다.
- 더듬이가 짧고 끝이 곤봉 모양이다.
- 다리가 매우 짧아 몸 밖으로 조금 나온다.

거위벌레
- 거위나 기린처럼 목이 길쭉하게 길다.
- 더듬이가 일(一)자 모양이다.

바구미
- 개미핥기처럼 주둥이가 길다.
- 더듬이 중간 부분이 ㄱ자로 꺾인 모양이다.

나비
- 더듬이 끝이 부푼 곤봉 모양이다.
- 주로 낮에 활동한다.
- 몸통이 가늘다.
- 날개를 접고 앉는다.

나방
- 더듬이는 다양하다.
- 주로 밤에 활동한다.
- 몸통이 두툼하다.
- 날개를 펴고 앉는다.

꿀벌
- 벌류이다.
- 더듬이가 길고 ㄱ자 모양으로 꺾인다.
- 날개가 2쌍이다.
- 겹눈이 떨어져 있다.
- 침이 있다.

꽃등에
- 파리류이다.
- 더듬이가 매우 짧아 잘 보이지 않는다.
- 날개가 1쌍이다.
- 겹눈이 붙어 있다.
- 침이 없다.

개미
- 벌류이다.
- 완전탈바꿈을 한다.
- 더듬이가 ㄱ자 모양으로 꺾인다.
- 허리가 잘록하다.

흰개미
- 흰개미류이다.
- 불완전탈바꿈을 한다.
- 더듬이가 일(一)자 모양이다.
- 허리가 일(一)자 모양이다.

매미
- 소리 내어 운다.
- 몸이 크다.
- 건드리면 날아간다.
- 애벌레는 땅속에서 뿌리를 먹는다.

매미충
- 울지 못한다.
- 몸이 작다.
- 건드리면 벼룩처럼 점프를 잘한다.
- 애벌레는 식물에 산다.

하루살이
- 몸이 크다.
- 날개는 삼각형이다.
- 2~3개의 긴 꼬리가 있다.
- 깨끗한 곳에 많다.

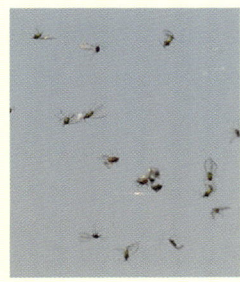

날파리
- 몸이 매우 작다.
- 날개는 잘 보이지 않는다.
- 꼬리가 없다.
- 오염된 곳에 많다.

관련 교과 3-2 과학 〈2. 동물의 생활〉 / 5-2 과학 〈2. 생물과 환경〉

위기에 빠진 곤충

날쌘 곤충도 한발 더 빠른 천적들의 공격 때문에 위험에 빠져요. 새와 거미는 물론이고 육식성 곤충까지 목숨을 위협해요. 때로는 물에 빠지거나 작은 틈에 걸려 발버둥치기도 해요. 곤충 사냥꾼 거미는 빠르게 기어가거나 끈끈한 거미줄 함정을 만들어서 사냥해요. 위험을 눈치채고 황급히 도망쳐 보지만 때는 이미 늦었답니다. 천적들의 곤충 사냥법을 관찰해 보세요. 거미줄에 어떤 곤충이 걸려들었는지 살펴보세요.

나방 애벌레
길앞잡이가 땅 위에 기어가는 나방 애벌레를 사냥해요.

무당벌레 애벌레
다리무늬침노린재가 무당벌레 애벌레를 사냥해서 체액을 빨아 먹어요.

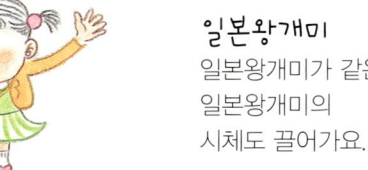

일본왕개미
일본왕개미가 같은 일본왕개미의 시체도 끌어가요.

파리
소금쟁이가 물에 빠진 파리의 체액(피)을 빨아 먹어요.

소등에
소등에가 빨리 날다가 작은 틈에 걸렸어요.

나방 애벌레
나방살이맵시벌이 알을 낳아 기생하려고 잎벌 애벌레를 사냥해요.

파리
활동성 강한
줄연두게거미에게
파리가 붙들렸어요.

나방
거미줄에 걸린 나방이
바동대다가 죽고 말아요.

메뚜기
아기늪서성거미가
메뚜기를
노리고 있어요.

하루살이
하루살이가 거미줄에
대롱대롱 매달렸어요.

꽃매미
끈적끈적한 거미줄에 걸린 꽃매미가
무당거미에게 꼼작 못하고 있어요.

파리
거미줄에 걸리면
끝장이에요.

개미
빠르게 움직이는
청띠깡충거미에게
개미가 잡아먹혀요.

살펴보아요!

헤엄치는 땅강아지

발발대며 기어가던 땅강아지가 그만 물에 빠졌어요.
그러자 땅강아지는 발을 마구 움직이며 헤엄쳐요.
땅을 팔 때 사용하는 다리가 헤엄치는 데도 도움이 되지요.
그래서 땅강아지는 물가에서도 매우 빠르게 기어 다녀요.

땅강아지가 물에서 헤엄쳐요.

관련 교과 3-2 과학 〈2. 동물의 생활〉 / 5-2 과학 〈2. 생물과 환경〉

가면무도회에서 만나는 곤충

풀숲의 곤충들은 자신을 보호하려고 가면을 많이 써요.
자기보다 힘센 벌의 모양을 흉내내고,
배설물로 위장해서 천적들을 속이기도 해요.
눈알 무늬로 천적들을 쫓고 충격을 받고 기절도 해요.
가면을 쓰고 흉내 내는 곤충들을 찾아보세요.
죽은 척 기절한 곤충이 언제 깨어나는지도 관찰해 보세요.

벌호랑하늘소
크기 8~19mm
호랑이 빛깔을 닮은 하늘소예요.

꽃등에
크기 14~16mm
날갯짓 소리까지 벌을 흉내 내요.

호랑꽃무지
크기 8~13mm
노란색 털이 복슬복슬해요.

수중다리꽃등에
크기 12~14mm
벌처럼 빠르게 날아다녀요.

물결넓적꽃등에
크기 10~12mm
노란색 무늬 때문에 벌인 줄 착각해요.

새똥하늘소
크기 6~8mm
몸집이 매우 작아서 멀리서 보면 새똥 같아요.

애벌레는 두릅나무의 죽은 가지 속에 살다가 어른이 돼요.

가지나방이나 자나방 애벌레를 모두 '자벌레'라고 해요.

가시가지나방 애벌레
크기 35mm 내외
새의 배설물을 닮은 특이한 자벌레예요.

부처사촌나비
크기 38~47mm
날개에 달린 눈알 무늬를 보면 천적들이 깜짝 놀라요.

혹바구미
크기 13~17mm
건드리면 옆으로 쓰러져서 일어날 줄 몰라요.

배자바구미
크기 6~10mm
주둥이를 접고 다리를 움츠린 채 꼼짝하지 않고 죽은 척을 해요.

유럽무당벌레
크기 5~6mm
벌러덩 뒤집어져서 꼼짝 안해요.

녹슬은방아벌레
크기 12~16mm
배 밑의 홈에 다리와 더듬이를 끼워 넣어요.

거위벌레
크기 6.5~10mm
더듬이를 접고 다리를 벌린 채 기절해요.

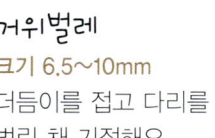

북방거위벌레
크기 3.5~4.5mm
다리를 벌린 채 움직이지 않아요.

큰남생이잎벌레
크기 7.5~8.5mm
다리를 모으고 기절해요.

관련 교과 3-2 과학 〈2. 동물의 생활〉 / 5-2 과학 〈2. 생물과 환경〉

천적으로부터 살아남는 곤충의 지혜

숲에는 곤충들을 노리는 천적들이 득실거립니다. 눈치 빠른 곤충들은 새와 두꺼비, 개구리 같은 천적보다 약하다는 걸 알고 있지요. 그래서 자신이 갖고 있는 특별한 능력을 발휘해서 천적들로부터 도망치기 바쁩니다. 천적들보다 한 걸음 빠르거나 천적들을 속여야 살아남을 수 있으니까요. 곤충들이 어떤 방법으로 천적들을 요리조리 피하는지 관찰해 보세요. 어떤 곤충이 가장 멋진 방법으로 천적들을 물리치는지 생각해 보세요.

줄점팔랑나비
풀잎에 앉자마자 지그재그로 재빨리 날아가요.

육점박이범하늘소
개미보다 더 빠른 걸음으로 재빨리 도망쳐요.

꽃벼룩
무언가 이상한 낌새만 느껴져도 푹신한 풀숲으로 다이빙해요.

등빨간먼지벌레
기다란 다리로 재빨리 기어가서 구석으로 잘 숨어요.

우리벼메뚜기
점프하면서 날아가기 때문에 멀리까지 도망칠 수 있어요.

길쭉바구미
나뭇잎 뒤로 돌아가면 천적들의 눈을 피할 수 있어요.

멋팔랑나비
낙엽과 풀잎 빛깔처럼 위장하면 천적들의 눈에 띄지 않아요.

벌호랑하늘소
힘센 곤충이나 동물의 모습으로 위장해요.

천적들도 쉽게 공격하지 않는 말벌을 닮은 곤충이 많아요.

옻나무바구미
죽은 척 기절하면 새들의 공격을 피할 수 있어요.

무당벌레
붉은색으로 자신이 맛이 없다는 사실을 경고해요.

작은주홍부전나비
꼬리 부분을 머리처럼 보이게 해서 천적들을 속여요.

큰허리노린재
지독한 냄새가 나는 방귀를 뀌어서 접근을 막아요.

진딧물
진딧물의 배설물인 단물(감로)을 받아먹은 개미는 진딧물을 보호하는 경호원이 돼요.

> 진딧물과 개미는 서로 도움을 주고받는 공생 관계예요.

> 우와!

> 정말 대단하지!

살펴보아요!
특별한 능력을 갖고 있는 곤충

꿀벌은 개 코보다 냄새를 잘 맡아요. 마약이나 지뢰 탐사에 이용해요.

거품벌레는 튼튼한 다리로 가장 높이 뛰어올라요. 사람만한 크기면 63빌딩도 거뜬히 넘어요.

애기좀잠자리는 하루 종일 날아도 지치지 않아요. 잠자리의 레실린 근육은 인공관절에 이용해요.

말매미는 큰 소리로 울어요. 우리나라 말매미가 울면 공사장 소음과 비슷해요.

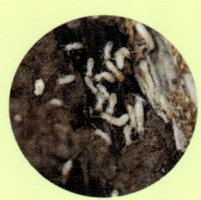
흰개미는 알을 많이 낳아요. 여왕 흰개미는 평생 1억 개 이상의 알을 낳아요.

관련 교과 2-1 여름 〈2. 초록이의 여름 여행〉 / 3-2 과학 〈2. 동물의 생활〉 / 5-2 과학 〈2. 생물과 환경〉

곤충을 노리는 최대 천적 거미

거미는 곤충을 가장 잘 잡아먹는 최대 천적입니다.
거미줄을 치거나 한 걸음 빠른 동작으로 곤충들을 사냥하지요.
곤충들도 안간힘을 쓰며 도망쳐 보지만 거미의 끈끈한 덫과
빠른 동작을 이겨낼 수 없답니다. 거미줄 함정에 어떤 곤충들이
걸려들었는지 잘 관찰해 보세요. 동작이 빠른 거미가
어떤 곤충을 사냥하는지 살펴보세요.

호랑거미
크기 20~25mm
햇볕이 잘 드는 풀밭에
둥근 대형 그물을 쳐요.

각시어리왕거미
크기 6~9mm
초원과 습지, 논 등에
둥근 그물을 치고
해충을 잡아먹어요.

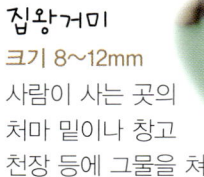

집왕거미
크기 8~12mm
사람이 사는 곳의
처마 밑이나 창고
천장 등에 그물을 쳐요.

위협을 받으면 그물을 진동시켜요.

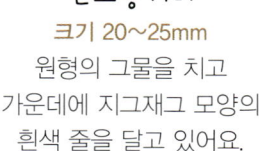

연두어리왕거미
크기 8~10mm
낮에는 잎사귀 뒤에
숨어 있어요.

긴호랑거미
크기 20~25mm
원형의 그물을 치고
가운데에 지그재그 모양의
흰색 줄을 달고 있어요.

꼬마호랑거미
크기 8~12mm
거미줄에 X자 모양의
흰색 줄을 치고 있어요.

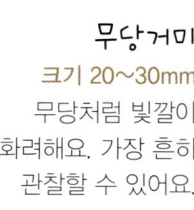

무당거미
크기 20~30mm
무당처럼 빛깔이
화려해요. 가장 흔히
관찰할 수 있어요.

응애
크기 3~4mm
빨간색의 다리가
8개인 거미류예요.

진드기
크기 3~5mm
사람이나 동물의
피를 빨아 먹어요.

각시개미거미
크기 4~6mm
개미와 닮은 거미예요.

검은날개깡충거미
크기 8~11mm
산이나 들판의 풀숲에 흔한 깡충거미예요.

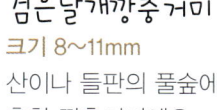

흰눈썹깡충거미
크기 5~8mm
머리 앞쪽에 흰색 줄무늬가 있어요.

알집을 실젖에 매달고 다녀요.

별늑대거미
크기 6~10mm
풀밭이나 논밭에 가장 흔해요.

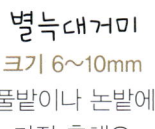

꽃게거미
크기 6~8mm
긴 다리가 있는 모습이 마치 꽃게를 닮았어요.

어리수검은깡충거미
크기 7~11mm
숲이나 들판의 식물 위를 돌아다녀요.

대륙게거미
크기 5~12mm
잎사귀나 꽃잎에 숨어 있다가 다가오는 곤충을 잡아먹어요.

황닷거미
크기 20~28mm
나뭇잎이나 풀잎 사이를 빠르게 오가며 사냥해요.

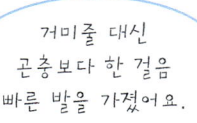

거미줄 대신 곤충보다 한 걸음 빠른 발을 가졌어요.

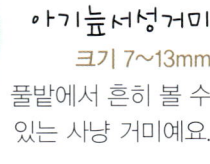

아기늪서성거미
크기 7~13mm
풀밭에서 흔히 볼 수 있는 사냥 거미예요.

관련 교과 2-1 여름 〈2. 초록이의 여름 여행〉 / 3-2 과학 〈2. 동물의 생활〉 / 5-2 과학 〈2. 생물과 환경〉

벌레라고 부르는 작은 동물

곤충이 살고 있는 주변에는 곤충과 닮은 벌레도 많이 살고 있습니다.
벌레는 곤충과 생김새가 많이 닮아서 구별하기 힘들 때가 있어요.
하지만 자세히 관찰하면 곤충과 다른 점을 발견할 수 있답니다.
곤충과 닮은 벌레를 발견하면 다리와 더듬이 숫자를 세어 보세요.
특별한 모습을 하고 있는 벌레를 살펴보세요.

갑각류

가재
크기 50mm 내외
깨끗한 1급수에서만
사는 생물이에요.

새뱅이
크기 23~25mm
하천이나 연못 같은
민물에 사는 갑각류예요.

쥐며느리
크기 10~11mm
식물의 뿌리를 갉아 먹어
피해를 줘요.

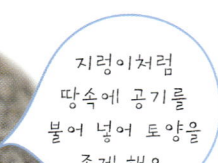

지렁이처럼
땅속에 공기를
불어 넣어 토양을
좋게 해요.

공벌레
크기 10~14mm
건드리면 둥글게 몸을 말아요.

옆새우는
낙엽을 먹어서
물이 오염되는 걸
막아 줘요.

소백옆새우
크기 5~10mm
물에 떨어진 낙엽을 잘
갉아 먹어 분해해요.

갯강구
크기 30~45mm
'바다에 사는
바퀴벌레'라고 해요.

다지류와 벌레

그리마가 나타나면 집에 돈이 들어온다 해서 '돈벌레'라 불러요.

집그리마
크기 22mm
곤충과 거미 등을 먹고 사는 다리 15쌍의 절지동물이에요.

노래기
크기 55~65mm
고약한 냄새를 풍기며 습한 곳을 좋아해요.

띠노래기
크기 20~30mm
다리가 2쌍씩 달렸어요.
몸이 납작하고 다리가 많아요.

홍지네
크기 70~80mm
몸이 가늘고 길며 독을 분비해요.

달팽이
크기 20mm 내외
논밭에 살면서 농작물에 해를 끼쳐요.

민달팽이
크기 40~50mm
집을 지고 다니지 않는 길쭉한 달팽이예요.

땅속을 기어 다니며 공기를 통하게 해서 기름지게 만들어요.

지렁이
크기 120~300mm
절지동물의 조상이라 불리는 몸이 둥그런 환형동물이에요.

플라나리아
크기 3~7mm
깨끗한 시냇가의 돌 밑에 살아요.

살펴보아요!
곤충과 벌레의 차이점
곤충, 거미, 공벌레, 노래기, 지렁이 등은 모두 벌레라고 불러요. 벌레들은 다리의 개수가 각각 달라요. 다리의 개수를 세어 보면 어떤 종류인지 쉽게 구별할 수 있어요.

0개 : 민달팽이, 달팽이
6개 : 곤충
8개 : 거미, 전갈, 응애, 진드기
10~16개 : 가재, 옆새우, 새뱅이, 공벌레, 쥐며느리
30개 이상 : 노래기, 지네, 그리마

관련 교과 3-2 과학 〈2. 동물의 생활〉

곤충 채집법과 관찰 일지

곤충들은 식물이나 동물보다 몸집이 매우 작아서 관찰하기 힘듭니다. 그래서 자세히 관찰하려면 무엇보다 채집이 필요하지요. 곤충들은 다양한 곳에서 살기 때문에 공중, 꽃과 잎, 나무와 열매, 낙엽과 돌 밑, 배설물과 시체 그리고 물속까지 모두 찾아봐야 한답니다. 꼭꼭 숨어 있는 곤충들을 여러 가지 채집 방법으로 찾아보세요. 찾아낸 곤충들을 관찰하고 관찰일지도 작성해 보세요.

처음엔 잘 안 보여도 반복해서 찾으면 숨은 곤충들이 보여요.

포충망 채집법
날아가거나 앉아서 쉬고 있는 곤충들을 포충망으로 채집해요.

관찰 채집법
눈을 동그랗게 뜨고 숨어 있는 곤충들을 찾아봐요.

쓸어 잡기 채집법
풀밭에 살고 있는 작은 곤충들을 포충망으로 쓸어 담아요.

곤충이 나타날 만한 나무에 달콤한 설탕물이나 바나나를 바르면 좋아요.

밤에 환한 불빛이 있는 주유소나 음식점 주변을 돌아다니며 찾아도 돼요.

함정 채집법
곤충들이 좋아하는 썩은 고기나 죽은 물고기를 넣어서 불러 모아요.

유인 채집법
나뭇진처럼 달콤하고 시큼한 물질을 발라서 곤충들을 유인해요.

등화 채집법
불빛에 예민한 야행성 곤충들을 등불로 끌어 모아요.

수서곤충 채집법
뜰채로 바닥을 훑어서 물속에 사는 수서곤충을 채집해요.

살펴보아요!

곤충 관찰 준비물
등산화(운동화), 노트, 필기구(유성펜), 도감, 관찰통, 포충망(잠자리채), 핀셋, 가위, 삽, 붓, 전등, 뜰채, 돋보기, 비닐 주머니(지퍼백), 기름종이, 삼각통(나비), 장갑, 구급 약품 등

• 곤충 관찰 일지 •

관찰 날짜 :   관찰 시간 :   날씨 :
관찰자 :   관찰 대상 :   관찰 장소 :

관찰한 내용 :

느낀 점과 알게 된 사실 :

찾아보기

ㄱ

가는무늬하루살이 30, 31
가시가지나방 114
가시개미 7, 106
가시노린재 33, 48, 102
가시우묵날도래 31
가시점둥글노린재 24
가재 120
각다귀 31
각시개미거미 119
각시메뚜기 80
각시어리왕거미 118
각시얼룩가지나방 57
갈구리나비 28
갈로이스등에 61
갈색날개노린재 84
갈색여치 33
갈색큰먹노린재 49
감나무잎말이나방 21
강변거저리 8
개미 111, 113
개미붙이 46
갯강구 120
거꾸로여덟팔나비 20, 29, 55
거미 110
거위벌레 15, 106, 110, 115
검은날개깡충거미 119
검은다리실베짱이 83, 103
검은물잠자리 93
검정꽃무지 26
검정날개잎벌 100
검정명주딱정벌레 6
검정볼기쉬파리 23
검정빗살방아벌레 18
검정오이잎벌레 42
검정칠납작먼지벌레 87
검정테광방아벌레 45
검정파리매 61
검정하늘소 70
검털파리 35
고구마잎벌레 42
고마로브집게벌레 27, 79, 95, 103, 109
고추좀잠자리 93, 109

곤충 110
곰개미 7
공벌레 120
광대노린재 25, 33, 52, 102
광대파리매 23
교차무늬주홍테불나방 67
구름무늬들명나방 66
구리수중다리잎벌 22
구슬무당거저리 87
국화하늘소 12
굴뚝나비 54, 91
굵은수염하늘소 45
귤빛부전나비 29
극동버들바구미 87
극동쐐기나방 101
금빛하루살이 72
금파리 41, 60
긴꼬리 82
긴꼬리쌕쌔기 78, 83, 103
긴날개밑들이메뚜기 80
긴날개중베짱이 75
긴다리범하늘소 12
긴발톱물날도래 31
긴알락꽃하늘소 26, 34, 108
긴호랑거미 118
길앞잡이 6, 34
길쭉바구미 14, 116
깃동잠자리 93
깜둥이창나방 21
깜보라노린재 84, 102
깨다시하늘소 13
꼬리명주나비 54
꼬마검정송장벌레 40
꼬마길앞잡이 38, 70
꼬마꽃등에 9, 27, 34
꼬마남생이무당벌레 16, 34
꼬마넓적비단벌레 19
꼬마방아벌레 45
꼬마봉인밤나방 67
꼬마호랑거미 118
꼽등이 75, 82
꽃게거미 119
꽃등에 60, 89, 111, 114
꽃매미 64, 103, 105, 113
꽃벼룩 26, 62, 116
꽃술재주나방 68, 101
꽃하늘소 26, 34
꽈리허리노린재 50
꿀벌 111
끝검은말매미충 65
끝마디통통집게벌레 7, 39

끝빨간긴날개멸구 65

ㄴ

나나니 59, 78
나방 94, 111, 112, 113
나방파리 60
나비 111
나비잠자리 71
날개띠좀잠자리 93
날개물결가지나방 57
날개알락파리 60
날파리 111
남방노랑나비 54
남방부전나비 54, 90
남방잎벌레 86
남색주둥이노린재 25, 49
남색초원하늘소 12, 45
남생이무당벌레 16, 32, 100
남생이잎벌레 43
남쪽날개매미충 65
납작돌좀 39
넉점박이송장벌레 40
넓적배허리노린재 35, 50
넓적사슴벌레 63, 100
네눈박이송장벌레 6, 17
네발나비 9, 91, 101
네점가슴무당벌레 86
네점박이노린재 84
네줄애기잎말이나방 56
노란실잠자리 92
노란점색방아벌레 18
노란줄긴수염나방 21
노란허리잠자리 93
노랑가슴녹색잎벌레 11
노랑나비 28
노랑눈비단명나방 66
노랑무늬먼지벌레 38
노랑무늬의병벌레 17
노랑무당벌레 16
노랑배거위벌레 15
노랑쐐기나방 67, 94
노랑애기나방 56
노랑줄어리병대벌레 17
노랑털검정반날개 19
노랑털기생파리 60, 89
노래기 121
노린재 110
녹색박각시 68
녹색콩풍뎅이 44
녹슨은반날개 46
녹슨은방아벌레 18, 115

누에 101
누에나방 68
눈루리꽃등에 89
느릅나무혹거위벌레 47
늦털매미 64

ㄷ

다리무늬침노린재 33, 53, 103
단색둥글잎벌레 43
단색자루맵시벌 58
단풍뿔거위벌레 15
달무리무당벌레 8
달주홍하늘소 13
달팽이 121
닮은애긴노린재 85
대륙게거미 119
대륙뱀잠자리 31, 72
대만흰나비 28
대모벌 88
대벌레 72
대성산실노린재 52
대왕나비 55
대유동방아벌레 8, 18
더듬이긴노린재 25, 53
도롱이벌레 94, 106
도토리거위벌레 47
도토리노린재 52
동애등에 61
된장잠자리 93
두꺼비메뚜기 74, 78, 80
두쌍무늬노린재 35
두점애기비단나방 56
뒤흰띠알락나방 32, 67
등검은메뚜기 78, 80
등검은실잠자리 92
등검정쌍살벌 59
등노랑풍뎅이 44, 79
등빨간갈고리벌 58
등빨간긴가슴잎벌레 11
등빨간먼지벌레 6, 116
등빨간뿔노린재 85
등빨간소금쟁이 35, 73
등얼룩풍뎅이 44
등점목가는병대벌레 17
등줄박각시 68
딱정벌레 110
딸기잎벌레 42
땅강아지 7, 71
땅노린재 53
땅딸보가시털바구미 87
떼허리노린재 9, 35, 50, 84

똥파리 23
똥풍뎅이 41
똥보기생파리 60
띠노래기 121

ㄹ

루리알락꽃벌 88

ㅁ

말매미 64
말벌 59
매미 111
매미충 111
매부리 83
머루박각시 68
먹귀뚜라미 82
먹노린재 49
먹종다리 75
메뚜기 113
메추리노린재 48
멧팔랑나비 20, 29, 116
명주잠자리 72
모가슴소똥풍뎅이 41
모대가리귀뚜라미 82
모메뚜기 33, 74
모시나비 28
목대장 26
목도리장님노린재 51
목화바둑명나방 68
몸노랑들명나방 66
무늬소주홍하늘소 13
무당거미 118
무당벌레 16, 32, 34, 86, 100, 110, 117
무당벌레붙이 17
무시바노린재 84, 95
묵은실잠자리 92, 95
물결넓적꽃등에 9, 114
물결매미나방 69
물맴이 73
물방개 73
물자라 73
뭉뚝바구미 47
미륵무늬먼지벌레 6, 46
민달팽이 121
민풀노린재 48
밀감무늬검정장님노린재 51
밀잠자리 93
밑검은하늘소붙이 26, 34
밑들이 30
밑들이메뚜기 33, 80

ㅂ

바구미 110
바수염날도래 30, 35
발톱메뚜기 80
밤나무잎벌레 43, 86
방아깨비 74, 81, 103, 109
배노랑긴가슴잎벌레 11
배노랑물결자나방 66
배둥글노린재 48
배벌 88
배붉은흰불나방 67
배자바구미 8, 14, 115
배짧은꽃등에 27, 89
배추흰나비 28, 35, 90
배치레잠자리 93
배홍무늬침노린재 25
뱀허물쌍살벌 59, 71
버드나무좀비단벌레 19
버들꼬마잎벌레 43
버들잎벌레 10, 32
벌꼬리박각시 56
벌호랑하늘소 12, 45, 114, 116
범부전나비 20, 29
벚나무사향하늘소 63
베짱이 83
변색장님노린재 51
별노린재 7
별늑대거미 119
별대모벌 59
별박이자나방 57
보라거저리 95, 94
보리장님노린재 51
봄처녀하루살이 30
부전나비 94
부채날개매미충 65
부처나비 54
부처사촌나비 20, 54, 114
북방거위벌레 15, 115
북방길쭉소바구미 47
북방풀노린재 24
북쪽비단노린재 49, 102
분홍거위벌레 15, 47
붉은꼬마꼭지나방 21
붉은등침노린재 25
붉은산꽃하늘소 45
붉은잡초노린재 24, 53
빌로오드재니등에 61
빨간긴쐐기노린재 25, 85
뿔나비 9, 20
뿔나비나방 21
뿔잠자리 71

ㅅ

사각노랑테가시잎벌레 43
사마귀 79, 103, 106
사슴풍뎅이 63, 108
사시나무잎벌레 10
산녹색부전나비 39
산맴돌이거저리 38
산바퀴 39, 79, 103
산줄점팔랑나비 29
살짝수염홍반디 19, 46
삼하늘소 45
삿포로잡초노린재 53
상아잎벌레 10
새똥하늘소 13, 114
새뱅이 120
설상무늬장님노린재 51
섬서구메뚜기 74, 81, 109
소금쟁이 73
소나무하늘소 13
소등에 61, 112
소백엽새우 120
솔박각시 101
송장헤엄치게 73
쇠측범잠자리 30, 31
수염줄벌 27, 88
수중다리꽃등에 9, 89, 114
시골가시허리노린재 50
시베르스하늘소붙이 26
실베짱이 83
십이점박이잎벌레 10, 86
십자무늬긴노린재 53, 102
쌍복판눈수염나방 57
쌍살벌 78, 106
쌍줄푸른밤나방 67
쌕쌔기 83
썩덩나무노린재 9, 84, 95, 102

ㅇ

아기늪서성거미 119
아시아실잠자리 92, 109
아이누길앞잡이 6
알락굴벌레나방 68
알락귀뚜라미 82
알락꼽등이 82
알락무늬장님노린재 51
알락방울벌레 75
알락수염노린재 24, 48, 84
알락흰가지나방 69
암끝검은표범나비 55, 91, 108
암먹부전나비 29, 35, 90
애기담홍뾰족날개나방 67
애기세줄나비 20, 29
애기얼룩나방 57
애기좀잠자리 93
애매미 64, 71
애모무늬잎말이나방 32
애물땡땡이 73
애사마귀붙이 72
애사슴벌레 63
애호랑나비 28
애홍점박이무당벌레 8
야산알락귀뚜라미 78
양봉꿀벌 27, 58, 88
어깨넓은거위벌레 15
어리별쌍살벌 22
어리수검은깡충거미 119
어리호박벌 58
어리흰줄애꽃벌 27, 58
얼룩대장노린재 49
얼룩무늬가시털바구미 47
얼룩무늬좀비단벌레 19
얼룩점밑들이파리매 23
엉겅퀴수염진딧물 65
엉겅퀴창주둥이바구미 14
에사키뿔노린재 85
여덟무늬알락나방 56
여치 75
연노랑목가는병대벌레 34
연두금파리 23
연두어리왕거미 118
열석점긴다리무당벌레 16
열점박이별잎벌레 42
오리나무잎벌레 10
옥색긴꼬리산누에나방 69
옻나무바구미 116
왕거위벌레 15
왕귀뚜라미 82, 103
왕꽃등에 89
왕무늬대모벌 59
왕물결나방 101
왕바구미 14
왕바다리 22, 78
왕벌붙이파리 60
왕벼룩잎벌레 86
왕빗살방아벌레 18
왕사마귀 79, 94, 105
왕소똥구리 41
왕오색나비 55
왕자팔랑나비 29, 55
왕주둥이노린재 49
왕주둥이바구미 47
왕침노린재 85
왕파리매 61
왜무잎벌 22
우단박각시 68
우리가시허리노린재 24, 50, 102
우리귀매미 65
우리목하늘소 63
우리벼메뚜기 81, 116
우묵거저리 38, 95
우수리둥글먼지벌레 6
원산밑들이메뚜기 33
유럽무당벌레 16, 115
유지매미 64
육점박이범하늘소 12, 62, 116
응애 118
일본왕개미 7, 112
잎벌레 110

ㅈ

작은검은꼬리박각시 56
작은넓적하늘소 13
작은멋쟁이나비 55, 91
작은모래거저리 8
작은주걱참나무노린재 24, 33, 52
작은주홍부전나비 20, 29, 54, 90, 117
작은호랑하늘소 12
잔날개여치 33, 75
장구애비 73
장수각다귀 23
장수땅노린재 53
장수말벌집대모꽃등에 89
장수풍뎅이 63, 100, 104, 108
장수허리노린재 50
적갈색긴가슴잎벌레 11
점날개잎벌레 11, 26
점박이길쭉바구미 14
점박이꽃검정파리 89
점박이둥글노린재 48
점박이불나방 67, 101
점박이쌕쌔기 83
점줄흰애기자나방 57
점호리병벌 88
제비나비 28, 90
좀남색잎벌레 10, 32, 100
좀사마귀 79, 94
좀송장벌레 40
좀집게벌레 7, 79
좀털보재니등에 9, 27
좁쌀메뚜기 71, 74
주둥무늬차색풍뎅이 44
주둥이노린재 25, 49
주름개미 41

주홍긴날개멸구 65
주홍배큰벼잎벌레 42
주황긴다리풍뎅이 44
줄각다귀 23
줄꼬마팔랑나비 55
줄먼지벌레 38
줄무늬감탕벌 88
줄베짱이 75, 83
줄우단풍뎅이 44
줄점불나방 21, 67
줄점팔랑나비 55, 90, 116
중국똥보별기생파리 89
중국청람색잎벌레 10
쥐머리거품벌레 65
쥐며느리 120
지렁이 121
진강도래 30, 72
진드기 118
진딧물 117
진홍색방아벌레 8, 95
집그리마 121
집왕거미 118

ㅊ

참검정풍뎅이 38
참나무갈고리나방 21, 57
참나무노린재 52
참나무산누에나방 69
참땅벌 41, 59
참매미 64
참머리먼지벌레 87
참밑들이 72
참실잠자리 92
참어리별쌍살벌 78
참점땅노린재 85
참콩풍뎅이 44
청동방아벌레 18
청띠신선나비 79
청줄보라잎벌레 42
칠성무당벌레 16, 32, 62, 86, 100
칠성풀잠자리 17, 71

ㅋ

카멜레온줄풍뎅이 44
콜체잎벌레 11
콩중이 80
콩풍뎅이 19, 87
크라아츠방아벌레 18
크로바잎벌레 43
큰검정파리 23, 40
큰검정풍뎅이 70

큰남생이잎벌레 115
큰넓적송장벌레 40, 41, 46, 100
큰딱부리긴노린재 85
큰멋쟁이나비 91
큰무늬박이푸른자나방 66
큰물자라 73
큰밀잠자리 93
큰수중다리송장벌레 40, 70
큰실베짱이 83
큰알락흰가지나방 69
큰이십팔점박이무당벌레 16, 86
큰자루긴수염나방 56
큰주홍부전나비 90
큰줄흰나비 20, 28, 54
큰집게벌레 39
큰허리노린재 35, 50, 117
큰흰줄표범나비 39

ㅌ

털두꺼비하늘소 13, 63
털매미 64
털보바구미 14
털보왕버섯벌레 70, 95
테수염검정잎벌 22
톱날노린재 52
톱날푸른자나방 66
톱니태극나방 69
톱다리개미허리노린재 24, 85, 102
톱사슴벌레 63, 70
톱하늘소 63
통사과하늘소 13

ㅍ

파리 112, 113
파리매 61
팥바구미 62
팥중이 74, 81
포도들명나방 66
포도유리날개알락나방 21, 56
표주박긴노린재 85
푸른부전나비 20
풀색꽃무지 26, 62
풀색노린재 48, 84, 102
플라나리아 121

ㅎ

하늘소 94
하루살이 111, 113
한국강도래 31
호랑거미 118
호랑꽃무지 34, 62, 114

호랑나비 28, 101
호리꽃등에 27
호리병벌 39, 88, 106
호박벌 27, 58
혹바구미 14, 115
홀쭉귀뚜라미 82
홈줄풍뎅이 44
홍날개 8, 46, 94
홍다리조롱박벌 22
홍단딱정벌레 32, 87, 100
홍딱지반날개 40
홍띠애기자나방 57
홍비단노린재 49
홍색얼룩장님노린재 51
홍줄큰벼잎벌레 43
홍지네 121
황가뢰 70
황각다귀 23
황갈색잎벌레 11
황갈색줄풍뎅이 38
황녹색호리비단벌레 45
황다리독나방 101
황닷거미 119
황머리털홍날개 46
황오색나비 91
황줄점갈고리나방 66
황호리병잎벌 22
회떡소바구미 19
회황색병대벌레 17
흰개미 95, 106, 111
흰눈까마귀나방 32
흰눈썹깡충거미 119
흰띠거품벌레 65
흰띠큰물결자나방 21
흰무늬왕불나방 69
흰부채하루살이 31
흰점박이꽃바구미 62
흰줄꼬마꽃벌 22
흰줄노랑뒷날개나방 69
흰줄숲모기 61
흰줄태극나방 69
흰줄표범나비 55, 91
흰줄푸른자나방 66

초등 교과 과정 연계 정보

봄

땅 위의 발 빠른 곤충 1-1 봄 〈2. 도란도란 봄 동산〉 / 2-1 여름 〈2. 초록이의 여름 여행〉 / 3-2 과학 〈2. 동물의 생활〉

봄을 알리는 봄맞이 곤충 1-1 봄 〈2. 도란도란 봄 동산〉 / 3-2 과학 〈2. 동물의 생활〉

풀잎 먹보 잎벌레 1-1 봄 〈2. 도란도란 봄 동산〉 / 3-2 과학 〈2. 동물의 생활〉 / 5-2 과학 〈2. 생물과 환경〉

풀밭과 나무의 긴 뿔 딱정벌레 1-1 봄 〈2. 도란도란 봄 동산〉 / 3-2 과학 〈2. 동물의 생활〉

코끼리 바구미와 기린 거위벌레 3-2 과학 〈2. 동물의 생활〉

잎에서 만나는 작은 포식자 1-1 봄 〈2. 도란도란 봄 동산〉 / 2-1 여름 〈2. 초록이의 여름 여행〉 / 3-2 과학 〈2. 동물의 생활〉 / 5-2 과학 〈2. 생물과 환경〉

알록달록 다양한 딱정벌레 1-1 봄 〈2. 도란도란 봄 동산〉 / 3-2 과학 〈2. 동물의 생활〉

산길의 나비와 풀잎의 나방 1-1 봄 〈2. 도란도란 봄 동산〉 / 3-2 과학 〈2. 동물의 생활〉

잎에 소풍 나온 벌과 파리 1-1 봄 〈2. 도란도란 봄 동산〉 / 3-2 과학 〈2. 동물의 생활〉

잎에서 만나는 방귀 벌레 노린재 1-1 봄 〈2. 도란도란 봄 동산〉 / 3-2 과학 〈2. 동물의 생활〉 / 5-2 과학 〈2. 생물과 환경〉

봄꽃에서 만나는 꽃가루 먹보 1-1 봄 〈2. 도란도란 봄 동산〉 / 3-2 과학 〈2. 동물의 생활〉 / 5-2 과학 〈2. 생물과 환경〉

꽃보다 예쁜 봄 나비 1-1 봄 〈2. 도란도란 봄 동산〉 / 3-1 과학 〈3. 동물의 한살이〉 / 3-2 과학 〈2. 동물의 생활〉

물에서 만나는 곤충
  1-1 봄 〈2. 도란도란 봄 동산〉 / 2-1 여름 〈2. 초록이의 여름 여행〉 / 3-1 과학 〈3. 동물의 한살이〉 / 3-2 과학 〈2. 동물의 생활〉

봄에 태어난 귀여운 애벌레 1-1 봄 〈2. 도란도란 봄 동산〉 / 3-2 과학 〈2. 동물의 생활〉

봄에 피어난 사랑 1-1 봄 〈2. 도란도란 봄 동산〉 / 3-2 과학 〈2. 동물의 생활〉

여름

산길에서 보이는 곤충 2-1 여름 〈2. 초록이의 여름 여행〉 / 3-2 과학 〈2. 동물의 생활〉

시체와 배설물에 모이는 곤충 2-1 여름 〈2. 초록이의 여름 여행〉 / 3-2 과학 〈2. 동물의 생활〉 / 5-2 과학 〈2. 생물과 환경〉

초록 풀잎을 먹고 사는 잎벌레 2-1 여름 〈2. 초록이의 여름 여행〉 / 3-2 과학 〈2. 동물의 생활〉

잎사귀가 좋은 딱정벌레 2-1 여름 〈2. 초록이의 여름 여행〉 / 3-2 과학 〈2. 동물의 생활〉

생김새가 다양한 딱정벌레 2-1 여름 〈2. 초록이의 여름 여행〉 / 3-2 과학 〈2. 동물의 생활〉 / 5-2 과학 〈2. 생물과 환경〉

뿡뿡 방귀 대장 노린재 3-2 과학 〈2. 동물의 생활〉 / 5-2 과학 〈2. 생물과 환경〉

독특한 허리노린재와 장님노린재 3-2 과학 〈2. 동물의 생활〉 / 5-2 과학 〈2. 생물과 환경〉

풀밭을 수놓는 다양한 노린재 3-2 과학 〈2. 동물의 생활〉 / 5-2 과학 〈2. 생물과 환경〉

나풀나풀 예쁜 나비 2-1 여름 〈2. 초록이의 여름 여행〉 / 3-2 과학 〈2. 동물의 생활〉

낮에 만나는 화려한 나방 3-2 과학 〈2. 동물의 생활〉

꿀을 모으는 벌과 사냥꾼 벌 2-1 여름 〈2. 초록이의 여름 여행〉 / 3-2 과학 〈2. 동물의 생활〉 / 5-2 과학 〈2. 생물과 환경〉

윙윙 날쌔고 다양한 파리 3-2 과학 〈2. 동물의 생활〉 / 5-2 과학 〈2. 생물과 환경〉

꽃과 나무 위의 덩치 큰 딱정벌레 2-1 여름 〈2. 초록이의 여름 여행〉 / 3-1 과학 〈3. 동물의 한살이〉 / 3-2 과학 〈2. 동물의 생활〉
소리꾼 매미와 풀즙 먹는 매미류 2-1 여름 〈2. 초록이의 여름 여행〉 / 3-2 과학 〈2. 동물의 생활〉
불빛에 모여드는 작은 나방 3-2 과학 〈2. 동물의 생활〉 / 5-2 과학 〈2. 생물과 환경〉
불빛을 향해 돌진하는 큰 나방 3-2 과학 〈2. 동물의 생활〉 / 5-2 과학 〈2. 생물과 환경〉
밤에 활동하는 곤충 3-2 과학 〈2. 동물의 생활〉 / 5-2 과학 〈2. 생물과 환경〉
색다른 곤충과 물에 사는 곤충 2-1 여름 〈2. 초록이의 여름 여행〉 / 3-2 과학 〈2. 동물의 생활〉 / 5-2 과학 〈2. 생물과 환경〉
무더위 속의 풀벌레 연주회 1-2 가을 〈2. 현규의 추석〉 / 3-2 과학 〈2. 동물의 생활〉

가을·겨울

가을 곤충과 풀숲의 사마귀 1-2 가을 〈2. 현규의 추석〉 / 3-2 과학 〈2. 동물의 생활〉 / 5-2 과학 〈2. 생물과 환경〉
가을 들판의 메뚜기 1-2 가을 〈2. 현규의 추석〉 / 3-2 과학 〈2. 동물의 생활〉 / 5-2 과학 〈2. 생물과 환경〉
뚱보 여치와 홀쭉이 베짱이 1-2 가을 〈2. 현규의 추석〉 / 3-2 과학 〈2. 동물의 생활〉 / 5-2 과학 〈2. 생물과 환경〉
가을 들판을 누비는 노린재 3-2 과학 〈2. 동물의 생활〉 / 5-2 과학 〈2. 생물과 환경〉
가을에 만나는 다양한 딱정벌레 3-2 과학 〈2. 동물의 생활〉
쌩쌩 벌과 윙윙 파리 3-2 과학 〈2. 동물의 생활〉 / 5-2 과학 〈2. 생물과 환경〉
가을 들판의 꽃에 모이는 나비 3-1 과학 〈3. 동물의 한살이〉 / 3-2 과학 〈2. 동물의 생활〉 / 5-2 과학 〈2. 생물과 환경〉
창공을 누비는 비행사 잠자리
  1-2 가을 〈2. 현규의 추석〉 / 2-1 여름 〈2. 초록이의 여름 여행〉 / 3-1 과학 〈3. 동물의 한살이〉 / 3-2 과학 〈2. 동물의 생활〉
곤충의 겨울나기 2-2 겨울 〈2. 겨울 탐정대의 친구 찾기〉 / 3-2 과학 〈2. 동물의 생활〉
겨울잠 자는 곤충 찾기 2-2 겨울 〈2. 겨울 탐정대의 친구 찾기〉 / 3-2 과학 〈2. 동물의 생활〉

부록

애벌레가 어른이 되면(완전탈바꿈) 3-1 과학 〈3. 동물의 한살이〉 / 3-2 과학 〈2. 동물의 생활〉
어른벌레와 닮은 애벌레(불완전탈바꿈) 3-1 과학 〈3. 동물의 한살이〉 / 3-2 과학 〈2. 동물의 생활〉
곤충의 한살이 3-1 과학 〈3. 동물의 한살이〉 / 3-2 과학 〈2. 동물의 생활〉
곤충의 다양한 집과 삶터 1-1 봄 〈2. 도란도란 봄 동산〉 / 3-2 과학 〈2. 동물의 생활〉
수컷 곤충과 암컷 곤충 비교하기 3-2 과학 〈2. 동물의 생활〉
모습이 닮은 곤충 구별하기 3-2 과학 〈2. 동물의 생활〉
위기에 빠진 곤충 3-2 과학 〈2. 동물의 생활〉 / 5-2 과학 〈2. 생물과 환경〉
가면무도회에서 만나는 곤충 3-2 과학 〈2. 동물의 생활〉 / 5-2 과학 〈2. 생물과 환경〉
천적으로부터 살아남는 곤충의 지혜 3-2 과학 〈2. 동물의 생활〉 / 5-2 과학 〈2. 생물과 환경〉
곤충을 노리는 최대 천적 거미 2-1 여름 〈2. 초록이의 여름 여행〉 / 3-2 과학 〈2. 동물의 생활〉 / 5-2 과학 〈2. 생물과 환경〉
벌레라고 부르는 작은 동물 2-1 여름 〈2. 초록이의 여름 여행〉 / 3-2 과학 〈2. 동물의 생활〉 / 5-2 과학 〈2. 생물과 환경〉
곤충 채집법과 관찰 일지 3-2 과학 〈2. 동물의 생활〉

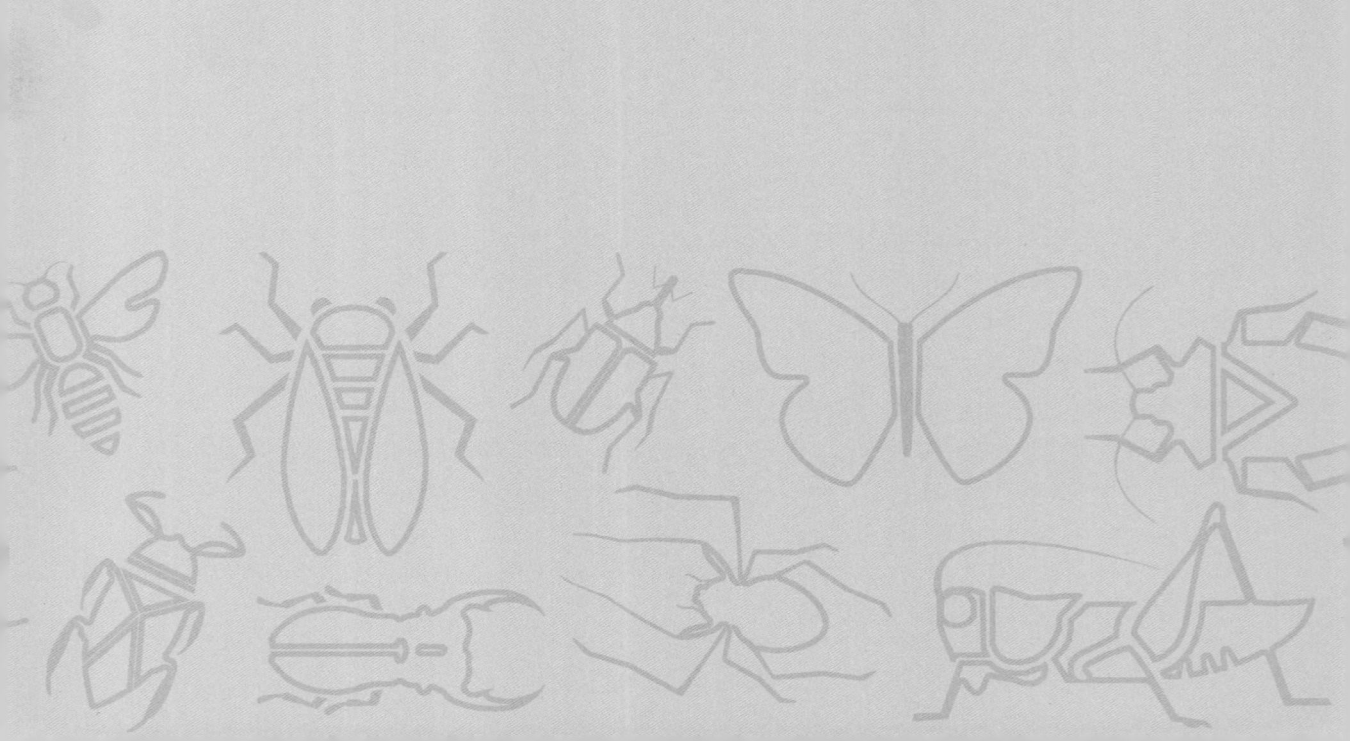